第四届中国创新挑战赛实录

科技部火炬高技术产业开发中心 编著

化学工业出版社
·北京·

内 容 简 介

《第四届中国创新挑战赛实录》内容包括赛事概述、赛事总览、精彩赛事、赛事典型案例、赛事访谈等内容。通过对第四届中国创新挑战赛（以下简称挑战赛）全程的记录和分享，客观、真实地反映第四届挑战赛的方方面面，尽可能为读者还原第四届挑战赛精彩纷呈的全貌；通过系统收集、整理、总结第四届挑战赛组织过程中的工作经验，促进赛事交流、扩大赛事影响，在更大范围、更高层次上营造创新氛围，以需求引导创新，为加快实现科技自立自强贡献力量。

本书可供地方管理者、企事业单位和高校研究院所的管理者及科研人员阅读参考。

图书在版编目（CIP）数据

第四届中国创新挑战赛实录 / 科技部火炬高技术产业开发中心编著. —北京：化学工业出版社，2021. 9

ISBN 978-7-122-39737-9

Ⅰ. ①第… Ⅱ. ①科… Ⅲ. ①技术革新－案例－中国 Ⅳ. ①F124. 3

中国版本图书馆 CIP 数据核字（2021）第 171446 号

责任编辑：王清颢　赵媛媛　　　美术编辑：王晓宇
责任校对：王素芹　　　装帧设计：水长流文化

出版发行：化学工业出版社（北京市东城区青年湖南街 13 号　邮政编码 100011）
印　　装：北京捷迅佳彩印刷有限公司
710mm×1000mm　1/16　印张 13　字数 104 千字　2021 年 10 月北京第 1 版第 1 次印刷

购书咨询：010-64518888　　　售后服务：010-64518899
网　　址：http://www.cip.com.cn
凡购买本书，如有缺损质量问题，本社销售中心负责调换。

定　　价：128.00 元

编委会

编写组

前言

作为主打“科研悬赏＋研发众包”理念和主推“以需求引导创新，促进成果转化”新机制的中国创新挑战赛（以下简称“挑战赛”），经过前三届的开拓探索和经验积累，社会影响力尤其对科技型企业的吸引力在不断扩大，品牌价值也越来越凸显。

2019年，由中华人民共和国科学技术部（以下简称科技部）指导、科技部火炬高技术产业开发中心（以下简称火炬中心）联合地方科技主管部门承办的第四届挑战赛继续得到广大创新需求企业和挑战团队的积极响应。在各方的努力下，在社会各界的支持下，第四届挑战赛通过张榜企业技术创新需求向全社会征集解决方案，以“揭榜比拼”的方式集聚了全社会的创新资源，促成了技术需求与解决方案的精准对接，解决了一大批企业的技术创新需求，促成了一批科技成果项目落地，很好地发挥了“揭榜挂帅”机制的引领作用。

为分享赛事成果、记录赛事点滴、宣传赛事理念，使公众更深入了解第四届挑战赛实况，科技部火炬中心组织编写了《第四届中国创新挑战赛实录》。本书通过对第四届挑战赛全程的记录和分享，客观、真实地反映第四届挑战赛的方方面面，尽可能为读者还原第四届挑战赛精彩纷呈的全貌；通过系统收集、整理、总结第四届挑战赛组织过程中的工作经验，促进赛事交流、扩大赛事影响、提升赛事水平、强化赛事服务、探索赛事转型升级的方向和路径，从而在更大范围、更高层次上营造创新氛围，为推动创新驱动发展贡献力量。

科技部火炬高技术产业开发中心

目录

第一章 赛事概述

第二章 赛事总览

第四章 赛事典型案例

第五章 赛事访谈

附录

第一章

赛事概述

中国创新挑战赛由科技部火炬中心和地方科技主管部门作为承办单位，是一个以需求为核心，帮助需求者寻找合作伙伴的国家级创新服务平台，更是一套以需求集聚资源、引导创新活动、缩短企业研发周期、降低研发成本、实现科技成果和有效需求快速对接与转化的长效工作机制。

一、赛事目的

中国创新挑战赛是针对具体技术创新需求，通过“揭榜比拼”方式，面向社会公开征集解决方案的创新众包服务活动。举办中国创新挑战赛，集众智、解难题，有助于解决企业发展实际问题，有效降低创新成本；有助于需求与技术精准对接，促进科技成果转移转化；解决产业关键共性问题，推动区域产业经济发展；培育专业科技服务机构，形成良好的科技成果转化生态；推动地方科技计划改革，形成“科研悬赏＋研发众包”的新型项目组织与资助模式；进一步探索建立需求导向、产学研一体化的协同创新机制，为推动供给侧结构性改革提供新抓手。

二、组织机构

科技部作为中国创新挑战赛指导单位，负责制定工作规则，审定年度计划，并对过程及结果进行监督和评价。

科技部火炬中心和地方科技主管部门作为承办单位，副省级城市科学技术局（以下简称科技局）、国家高新区管理委员会（以下简称管委会）和地、县人民政府作为地方承办单位，各级单位明确职责分工，按照工作计划，认真组织实施。第四届中国创新挑战赛面向企业技术创新需求、区域产业（行业）关键技术需求和国家（区域）战略重点需求举办了18项赛事，承办单位见附录一。

三、赛事流程

中国创新挑战赛网站（http://challenge.chinatorch.gov.cn/）是中国创新挑战赛官方网站及工作平台。参与挑战赛的需求方、挑战者、科技服务机构和各级承办单位均需进行用户注册，并通过网络协助完成相关赛事流程。

1. 征集需求

（1）需求挖掘。地方承办单位面向本区域开展需求征集工作。需求方自行（也可由地方承办单位委托服务机构和专家团队进行辅导）开展需求挖掘，填写“技术创新需求调查表”后提交至地方承办单位。

（2）需求分析。地方承办单位委托服务机构和专家团队对全部需求逐一进行分析，提出解决需求的综合建议。填写“需求分析报告”并就下一步解决问题的方法路径提出建议。

2. 发布需求

地方科技主管部门、地方承办单位通过挑战赛官网及各类平台、媒体、网络等渠道进行需求广泛发布（可根据要求隐去需求方名称和联系方式），并利用成果库检索、专利检索和论文查新等手段锁定挑战者范围，进行需求定向推送。对不符合公开发布条件的需求，及时向需求方反馈情况。

科技部火炬中心联合地方科技主管部门和地方承办单位，开展需求集中发布活动。

3. 征集解决方案

地方科技主管部门、地方承办单位发布“挑战须知”和报名挑战流程，面向全社会征集挑战者。成功报名的挑战者，可以索取详尽的需求信息，并针对一项或多项需求开展研究和开发活动，形成完整的解决方案，并按时间要求提交给承办单位，或者直接联系需求方。

4. 需求对接

地方承办单位组织专家、服务机构及需求方，对相关解决方案进行分析、评估，帮助需求方进行解决方案初选和优选，开展形式多样的对接活动，促成意向合作，并签订中国创新挑战赛合作协议。

经充分对接，仍存在激烈竞争致使需求方难以自主选择最佳解决方案时，可以通过现场赛形式进一步对挑战者及解决方案进行评估和评比。现场赛分为竞争对接和现场比拼两个环节。由需求方最终确定合作方，并现场签订意向合作协议。

现场赛领导致辞

5. 奖励、支持与服务

挑战胜出者获得一定额度的资金奖励。奖励资金原则上由需求方支付。奖金仅用作奖励挑战者，不作为技术转让、技术许可或其他独占性合作的强制条件。通过挑战赛成功实现技术供需对接的需求方，可按所在地方技术成果转移转化相关政策给予奖励或补助；签订技术合同并形成的产学研合作项目，可优先纳入地方科技计划给予支持。

挑战赛承办单位聚集和整合相关资源，为需求方与挑战者提供包括科技政策咨询、企业战略咨询、知识产权、技术交易和投融资等服务，进行后续跟踪与效果评价。

现场赛挑战团队介绍解决方案

需求对接会

第二章
赛事总览

一、挑战赛整体举办情况

2019年第四届中国创新挑战赛（以下简称“挑战赛”）聚焦国家区域协同发展战略，突出以人工智能、生物医药等为代表的“硬科技”领域，完成了25场赛事。

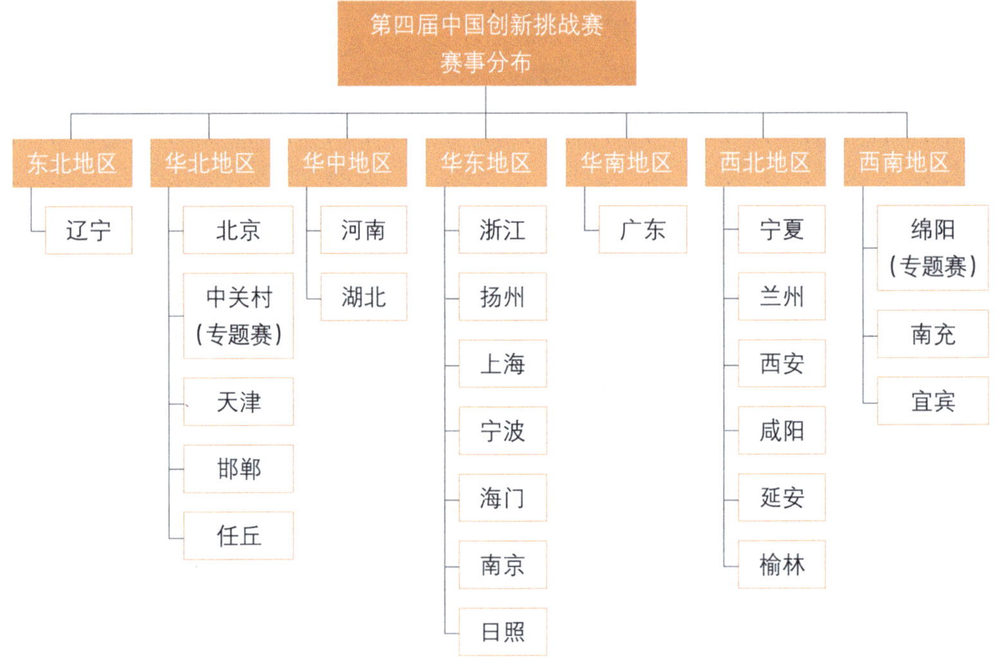

第四届中国创新挑战赛赛事分布

2019年9月，第四届中国创新挑战赛通过现场发布与网上发布结合的方式，集中发布了2003项技术创新需求，其中包括24项重点需求（上海赛事未参加集中发布）。

2003项技术创新需求，按照需求类型划分，其中技术研发类1279项，产品研发类451项，技术改造类170项，技术配套类103项；按技术领域划分，先进制造与自动化728项，电子信息344项，生物与新医药272项，新材料239项，新能源与节能102项，资源与环境75项，高技术服务53项，航天航空23项，其他领域167项。

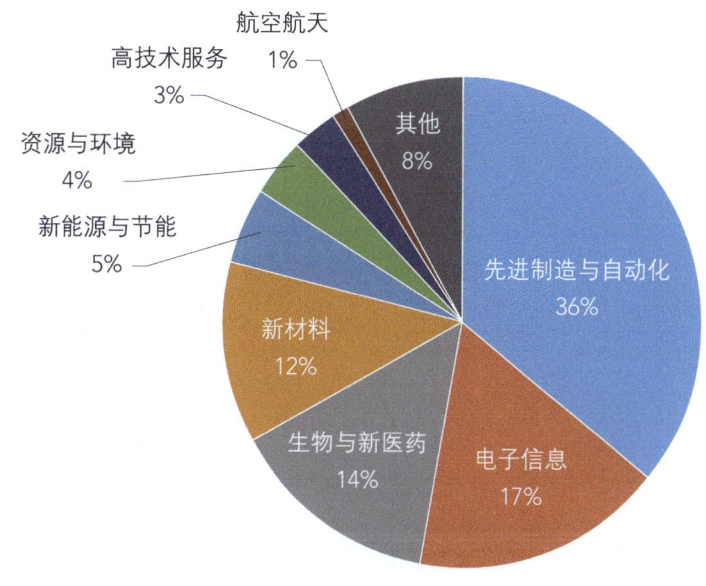

集中发布需求技术领域统计

2003项技术创新需求，来源省市分别为，北京市172项，天津市36项，上海市163项，山东省109项，河北省148项，河南省122项，湖北省229项，甘肃省87项，宁夏回族自治区153项，江苏省332项，浙江省205项，四川省247项。

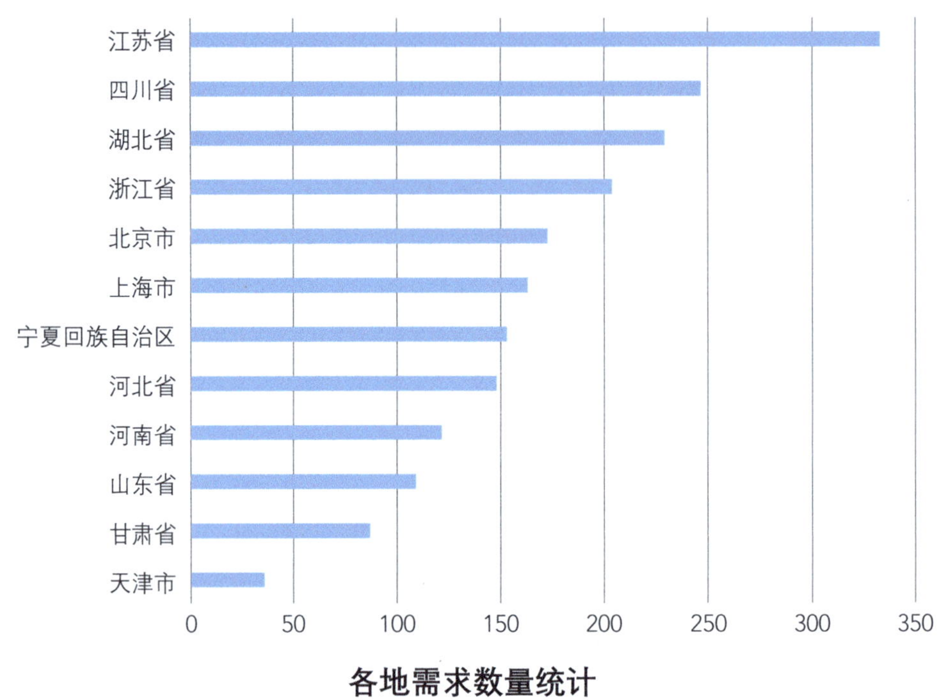

各地需求数量统计

第四届挑战赛累计征集了6718项需求，经分析、筛选后发布4525项，最终征集解决方案4000余份，共促成1938项企业需求与挑战团队成功对接；累计发放奖励金800余万元，累计签订意向合同1141个，涉及金额超20亿元。从提出解决方案的技术持有方来看，高校团队占比在50%以上，科技型企业占比达到30%。

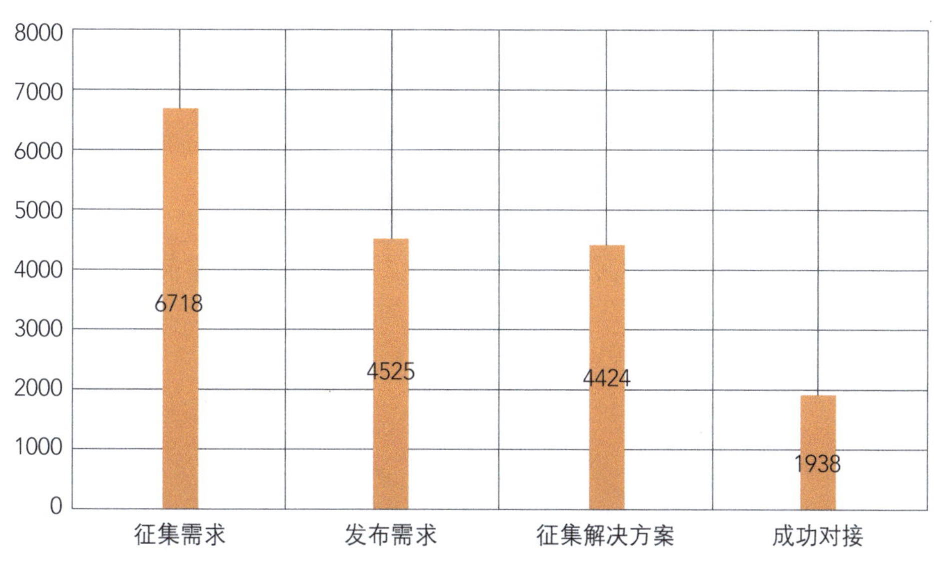

需求及对接情况

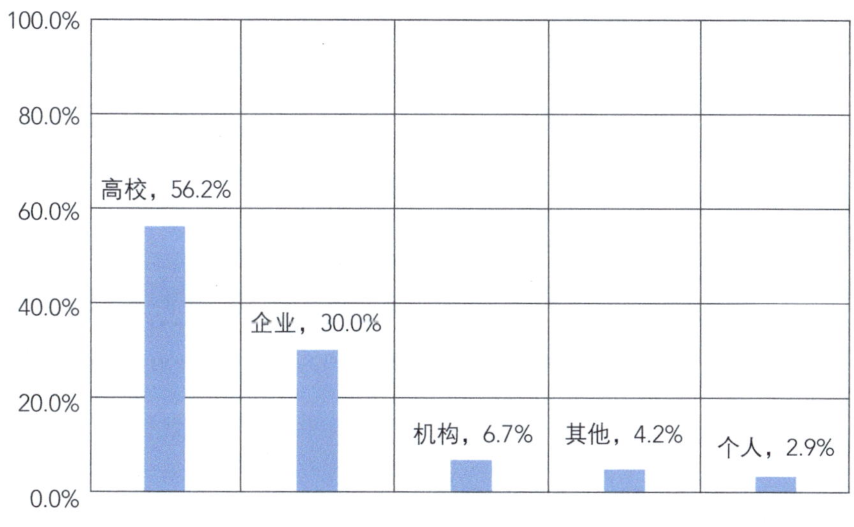

对接团队类型统计

挑战赛创新了以需求为导向的成果转化模式，突显了以企业为核心、政府搭建服务平台的初心使命，经过四年实践探索取得了显著成效。四年来，挑战赛的规模逐渐扩大，公众参与度不断提升，得到地方政府的一致认可和大力支持，受到企业和科研人员积极响应和广泛赞誉。

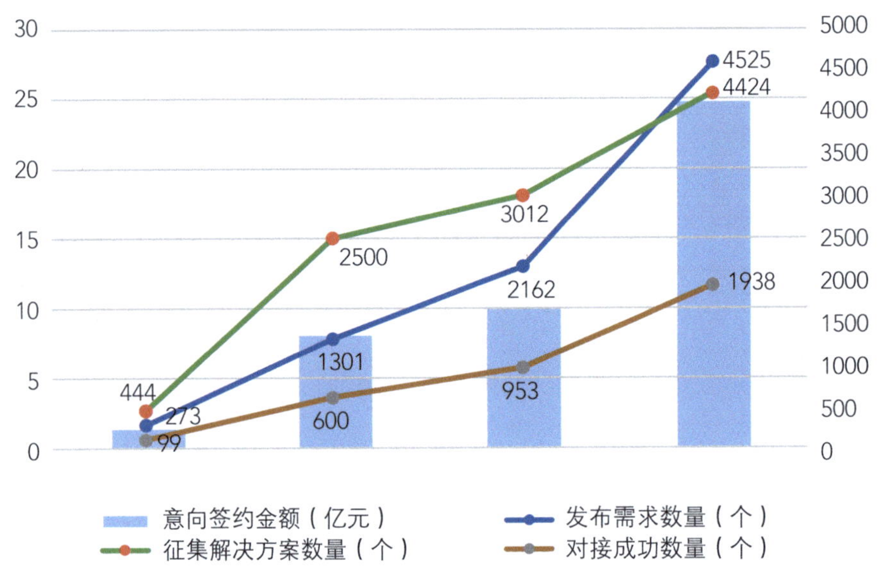

前四届挑战赛情况统计

二、赛事组织工作情况

随着赛事承办经验的积累，赛事组织工作不断完善，组织水平不断提高。

（一）强化赛事管控，提高赛事质量

第四届挑战赛组织过程中，火炬中心举办了两期培训班，特别安排了科技成果标准化评价与价值分析等内容，从征集需

求、匹配解决方案的源头上对技术水平把关，提高参赛项目的整体质量；同时，为确保各项组织工作顺利开展，制定了《中国创新挑战赛工作指引2019》，进一步明确了挑战赛的组织流程和标准框架，确保赛事公平、公开、公正，有效提升了挑战赛组织各方的专业化服务和保障能力，推动挑战赛组织工作有序开展。

（二）现场集中发布，提升宣传力度

火炬中心牵头组织，首次以现场与网上同时发布的形式，集中发布了2003项技术需求。对其中24项与地方创新发展和企业转型升级密切相关的重点需求，以及围绕长江三角洲地区（以下简称长三角）区域一体化等协同创新发展的重大需求进行了专题发布。集中发布的形式有效地扩大了需求发布范围，加大了解决方案的征集力度，畅通需求与技术研发能力的对接渠道，降低企业研发成本，促进科技成果转移转化。

（三）引入专业机构，释放储备资源

挑战赛引入了国家科技成果网等一批科技服务机构承担相关工作，提供专业服务，通过挑战赛平台“精准匹配、定向推送”，使“国家科技成果库”储备、沉淀多年的大量技术成果和各领域入库专家的优势资源得以充分利用。仅国家科技成果网一家机构，就为第四届挑战赛匹配对接了204个技术解决方案，组织128个专家团队分领域全程跟踪服务，为赛事提供了重要的服务支撑。

三、赛事创新做法

（一）聚焦“共性需求”，服务国家区域发展战略

挑战赛突破了行政区的限制，搭建了企业共性需求与科研团队在区域内的自由对接平台，促进区域经济协同和技术、人才合作。上海市科学技术委员会（以下简称科委）协同苏浙皖三省科学技术厅（以下简称科技厅），以“长三角”区域创新发展为引领，充分调动各个地区的优势和积极性，将安徽省招标集团、浙江省嵊泗枸杞乡人民政府、江苏中复神鹰碳纤维股份有限公司等企业提出的“有机固体废弃物绿色高效处理技术”这一共性需求，精准对接上海治实合金科技有限公司的解决方案，通过挑战赛平台，连通三省一市，为解决有机废物处理不当带来的环保难题共同发力，推动“长三角”区域一体化发展不断深入。

（二）紧盯“关键技术”，助推“硬科技”产业发展

挑战赛紧盯人工智能、新材料和智能制造等“硬科技”技术领域，集全社会力量解决产业关键技术难题，推动“硬科技”创新培育和快速发展，助力民生科技，为创造美好生活提供支撑。西安萨默尔机器人科技有限公司提出的“下肢外骨骼机器人（2.0版）技术研发”技术需求，是康复机器人行业关键技术的共性难题。通过挑战赛，企业与西安文理学院机械与工程材料学院签约合作，核心难题得到有效解决。这促进了机器人产业进一步开放式创新，有力推动了西安硬科技产业的科研创新活动。

（三）注重“双向互补”，打通技术融合通道

挑战赛连续两年设置了技术融合专题赛，紧盯需求、探索路径、精准对接，摸索了一条民营企业先进技术产品进入装备技术研发采购的通道，推进技术融合在广度和深度上不断拓展。中关村科技园区在专题赛组织过程中，针对需求特点，引进量化指标，并在解决方案比拼的基础上，增加了实物比测环节，邀请用户对实物产品现场测试，实现需求高效精准对接，达成合作再开发项目，促进科技成果转化和技术融合深度发展。

（四）借助“揭榜挑战”，成就“国家队”走出“圣殿”

挑战赛以需求为引导，诚邀各方技术团队揭榜比拼，让高校院所、国家实验室的科研人员走出“圣殿”，带着技术成果对接企业需求，既解决了企业技术难题求教无门的困境，也为高校院所成果转化铺就了一条新路径，实现企业、院所互利双赢。上海大学特殊钢国家实验室于要伟专家团队参加挑战赛“比拼”，利用成熟的技术成果，成功对接上海元牡信息科技有限公司的“铁合金金属属性和基因库”的技术需求，预期每年可为行业企业节省资金数百亿；浙江大学宁波理工学院与宁波双林汽车部件公司就“电动尾门驱动单元减速器”达成合作，并签订了600万元的开发合同。参加挑战赛的需求企业无比感慨：过去企业也曾与国家级的科研院所签订过战略合作协议，但每次到企业来的专家都不同，是挑战赛让企业真正对接了国家的一线科研专家，实实在在地解决技术难题。

（五）创新机制改革，推动科技计划立项机制改革

挑战赛源自需求引导创新，需求来自行业企业、来自市场，使地方政府看到了以企业为主体的科研方向，成为科技管理部门服务企业的抓手。各地通过组织挑战赛，纷纷探索了

“以赛代评”的项目评价筛选机制，改革了各级政府引导和支持的项目定位。宁波、兰州、四川、宁夏等多地将挑战赛与科技计划项目立项相结合，对挑战赛成功对接的区域产业和行业重大关键共性技术项目直接列入地方科技计划，并给予资金支持。宁波挑战赛与“科技创新2025”重大专项紧密结合，挑战获胜并签约当地的项目，当年即可优先列入计划，给予相应的资金支持。宁夏出台《关于构建以需求为导向的科技项目形成机制改革方案》，将挑战赛理念融入科技体制改革。

四、赛事模式经验

挑战赛组织过程主要涉及需求征集分析、需求发布、解决方案征集、解决方案评估、落地服务等环节。经过几年的积累，在第四届中国创新挑战赛组织及服务过程中涌现了许多先进工作模式、经验。

（一）需求征集分析环节

（1）因地制宜，定向开展需求分析。需求领域与其所在区域的主导产业高度契合有利于推动当地产业的创新发展，因此需求挖掘最好因地制宜，选择本地区的特色产业。海门赛事委员会（以下简称赛委会）聚焦特色产业，将豪华邮轮及高技术船舶产业作为创新挑战赛的服务对象，努力提升豪华邮轮及高技术船舶产业的技术创新能力，破解行业共性技术难题，促进产业快速发展。

（2）高效规范，结构化挖掘技术需求。通过结构化挖掘技术需求，收集全面的需求相关信息，提高后续技术需求侧与供给侧的高效对接。从企业技术水平、生产环境、实验室等实际情况出发，全面、清晰、系统地挖掘企业技术需求和难点。

（3）建立需求征集流程标准化。俗话说“无规矩不成方圆”，流程标准化是提高业务效率的有力武器。广东赛委会在汲取全国赛事组织工作培训会议经验后，结合赛事当地区域产业特色，制定了赛事技术需求挖掘工作前、中、后三部分的标准流程，高效推进企业技术需求挖掘工作。

（4）点面结合，培育企业技术创新意识。为促进企业的创新动力，转变企业保守思想，需要针对性地、多频次走访企业，与企业进行深入交流，鼓励其迈出实践第一步；通过开展企业家行业交流、技术分享等众多活动，激发企业家在思想观念、认知方式和行为模式上的相互碰撞；为企业创造与技术方无障碍洽谈的机会，进一步培育、激发企业创新意识。

（二）需求发布环节

（1）重点需求集中发布。通过线上线下相结合方式开展重点需求集中发布，扩大需求发布范围，加大解决方案征集力度，提升解决方案质量，促进供需精准对接。2019年9月20日，第四届中国创新挑战赛需求集中发布会在北京成功举办，共发布了24项重点需求，涉及电子信息、生物医药、新材料、先进制造等多个技术领域。重点需求聚焦区域产业关键共性技术难题和行业核心技术难题，助力产业的创新发展和企业的转型升级。

（2）建立线上信息平台。上海赛事完善“上海国际技术商城”（www.gtechmall.com），建立“创新挑战赛”微信小程序，实时发布企业需求、赛事活动等信息，缩短企业需求与成

第四届中国创新挑战赛在北京进行需求集中发布

果供给的“距离”。开辟定制化“需求专区”，探索大企业开放式创新路径，搭建大企业与创新创业企业交流合作的平台。

（3）难点需求二次发布。绵阳赛事组委会不仅对第四届挑战赛新征集的企业技术需求进行及时发布，还对往届征集的且未得到解决的需求进行二次发布，对需求信息、解决方案等进行动态化管理。

（三）解决方案征集环节

（1）线上线下相结合，多渠道广泛征集。根据企业上报的技术创新需求，采用线上线下相结合的方式，充分利用相关平台，面向全社会征集技术解决方案；为征集更多解决方案，多次拜访知名高校、专业院所，现场与技术解决方团队和成果持有人沟通交流，鼓励其积极参加赛事。

（2）依托行业协会资源，深入创新基地定性征集。第四届中国创新挑战赛（中关村）科技技术融合专题赛（简称中关村专题赛）期间，赛委会组织有关单位和专家进行需求解读与研讨，与各专业性协会或联盟合作精准推送与解读需求，邀请企业与需求方专家及第三方专家面对面共同研读需求，这些举措大大激发了挑战团队参与赛事的积极性。绵阳挑战赛组委会积极对接区外创新资源，通过挑战赛创新平台联系对接四川省

新华网 新闻

天津 > > 正文

第四届中国创新挑战赛（天津）启动

2019年08月29日 16:28:43　来源：　新华网

新华网天津8月29日电（记者周润健）28日，第四届中国创新挑战赛（天津）正式启动，大赛以“瞄准最为真实的需求，寻找最具价值的创新”为主题，由科技部火炬中心和天津市科学技术局主办，天津市高新技术成果转化中心承办。

据介绍，创新挑战赛将以企业技术创新需求为导向，科技成果转移转化网络为支撑，天津市科技成果展示交易运营中心服务平台为载体，成果转移转化服务机构为依托，线上开展征集、挖掘企业技术需求，并通过展交运营中心服务平台“科研众包”版块进行发布、应答、选标和服务；线下，市科技局联合东丽区、津南区和开发区举办中国创新挑战赛（天津）现场赛，形成“企业出题，能者破题”的揭榜机制，充分调动全社会力量集中解决天津市企业技术创新需求、破解产业共性技术难题。

天津市科技局成果与技术市场处处长齐鹏现场发布了技术需求包，面向社会发布公开征集解决方案。首批发布的3个需求包，分别为大型企业集团和上市公司技术需求20项、开发区现场赛技术需求6项、新材料领域技术需求7项。

天津市科技局副局长夏正淮表示，通过举办挑战赛，将有助于形成“企业出题，能者破题”的需求引导创新、促进科技成果转化的新机制。“下一步，市科技局将继续推动科技型企业、服务机构挖掘需求、发布需求、供需对接等活动，并通过展交运营中心服务平台网站、‘天津科技成果’App、微信公众号等渠道发布，集众智解决我市企业技术创新需求、破解产业共性技术难题，形成良好的科技成果转化生态。”

[责任编辑: 李培]

敬请关注手机新华网

媒体宣传报道天津赛事启动

绵阳专题赛重庆大学专场对接活动

千人专家联谊会、重庆大学产业技术研究院，组织举办多场精准对接活动，成为解决方案的重要输出口。

（3）精准匹配，定向邀请。有效利用专利、科技成果数据库，对接各领域已有相应技术成果的专家资源，实现精准匹配定向邀请。宁夏赛事依托国家科技成果网“好专家”科技专家对接服务平台，通过“精准匹配、定向邀请”方式，对技术需求进行深度分析，从国家科技成果库精准匹配、定向邀请全国优质专家资源，对接宁夏当地匹配有难度的技术需求项目，确保挑战团队质量，提高解决方案征集效率，实现全国创新资源向宁夏的集聚。

（4）建立技术转移平台，实现供需对接常态化。加强科技成果信息采集汇交，建立和完善科技部门、中介机构、高校、院所、企业等上下联动、横向协调、线上线下结合的科技成果转移转化公共服务网络。中国创新挑战赛（湖北）与湖北省科技成果转化特色工作“科惠行动”有机结合。“科惠行动”是湖北省科技厅2017年启动的“以平台促共享、以需求促转化、以中介促对接”科技成果转移转化工程。依托科惠网（湖北技术转移与成果转化公共服务平台），采用“互联网+技术转移”模式，为各创新主体提供技术交易、评价评估、项目路演、洽谈对接、科技金融、政策应用、招才引智等全流程服务。

（四）解决方案评估与现场赛环节

（1）专业筛选，优化供需对接服务。挑战赛组委会对所征集的技术解决方案进行分析和评估，遴选技术解决方案；组织专家以会议评审的方式，选出具有行业共性或代表性、体现产业特色的需求项目参加现场赛。

（2）立足区域战略发展布局，专项赛事百花齐放。浙江赛委会由行业赛承办地根据自身的特色产业提出承办申请，经省科技厅同意后承办行业现场赛（新材料、生物医药、数字信息、节能环保、高端装备制造五大行业现场赛）。中关村专题赛开辟了新能源、网络与信息安全设备、微型智能无人机等领域的专项赛事。

（3）多方位宣传造势，打造一流赛事品牌。根据赛事各个阶段的工作重点，进行有针对性的宣传。整体宣传节奏凸显新意，宣传效果显著。中国创新挑战赛（甘肃）向多家报纸、电视、门户网站、网络直播平台发出邀请，进行多渠道宣传和推广，以此扩大挑战赛的社会影响力。兰州生产力促进中心对现场赛进行了网络现场直播，在映客、虎牙、哔哩哔哩、全民直播、微赞、熊猫等多家知名直播平台同步直播，至今有三四万名用户收看；策划了3期手机端宣传，点击量达到2000多人次。

（五）落地服务

（1）建立多层次人才培养体系，设立绩效奖励机制。让各类技术服务机构和项目人员在需求、成果的对接和技术转移服务上发挥积极作用。天津多措并举充分发挥服务机构桥梁和纽带的作用，一是打造供需对接服务的中坚队伍，开展多场次实务培训；二是鼓励和支持各技术转移机构深入赛事，设立绩效奖励机制，从平台入驻、挖掘需求、活动参与、对接成功项目等方面对各机构的工作绩效进行评价和奖励。

（2）全方位政策助力项目合作，落实资金保障措施。为更好地推进企业需求与技术创新资源的有效合作及转化落地，对于挑战赛的项目予以政策倾斜和支持。绵阳赛事建立省、市、区三层次的政策鼓励措施：四川省科技厅在省科技计划项目中，采用“以赛代评”方式对签约项目给予优先立项支持；绵阳市科技局在科技成果转化资金中设立专项经费，采取“企业先行实施、专项核实补助”的后补助机制，对挑战成功并形成实质合作的项目给予补助；绵阳高新区科技局单项列支项目补助资金，对挑战成功并形成实质合作的项目进行专项后补助。

（3）持续性跟进对接服务，创新挑战赛不落幕。挑战赛作为科技创新平台，要持续性地跟进技术对接情况，做好跟踪服务工作，力争技术对接做到实效。辽宁现场赛结束后，针对企业需求将其分为已经解决和尚未解决两大类。对已经解决的需求做好分类服务，需要产业化服务的提供孵化渠道和资源，需要技术人才的提供人力资源对接服务，需要政策服务的提供政策服务。针对还未匹配成功的企业技术需求，继续寻找解决方案和成果，形成永不落幕的创新挑战赛。

第三章
精彩赛事

第四届中国创新挑战赛面向企业技术创新需求、区域产业（行业）关键技术需求和国家（区域）战略重点需求，搭建了企业共性需求与科研团队在区域内的自由对接平台，进一步促进区域经济协同和技术、人才合作；推动了科技计划立项机制改革，将挑战赛成功对接的区域产业和行业重大关键共性技术项目直接列入地方科技计划给予资金支持。为了展现挑战赛的组织成效，本次选取了七个赛事进行重点介绍。

一、释放需求潜力　探索长三角一体化协同模式——上海赛事

第四届中国创新挑战赛（上海）由科技部作为指导单位，科技部火炬中心与上海市科学技术委员会、上海市市场管理监督局、上海市教育委员会、上海科学院作为主办单位，并协同苏浙皖三省科技厅联合开展长三角专场。

第四届中国创新挑战赛（上海）把握“广发动、聚特色、精对接”的推进原则，坚持创新服务，搭建科技成果转化需求端、服务端、供给端“互通、互融、互惠”的平台。

挑战赛设置数据智能区块链、高端装备与人工智能、智能制造与新材料等29场专场，承办服务机构32家。其中，大企业

创新专场2场、国际创新专场3场、长三角创新专场5场，特色专业领域创新专场19场，精准服务各细分领域的需求企业。

截止到2019年12月31日，第四届中国创新挑战赛（上海）平台汇聚了上海473家企业1506项创新需求，企业意向投入132.8亿；征集解决方案748个，目前已对接解决企业需求317个，签订意向合同154个，达成意向合作金额10.9亿元。

（一）释放“真实需求”，引导企业走向开放式创新

上海企业创新需求不断释放。通过挑战赛这一平台，让更多的企业意识到仅仅依靠内部资源进行高成本的创新活动，已难以适应当今快速发展的市场需求，需要加快走向开放式创新之路。

中国宝武钢铁集团有限公司（简称中国宝武集团）建立“众研平台”，每年发布200余条集团创新难题公开“招标”；上海豫园股份、上海杏花楼、老凤祥等20余家“老字号”提出40条创新需求，征集到来自杭州、成都、苏州、上海等地解决方案近60份。上海建工集团“测斜机器人”“基坑围护体变形监控平台”需求与日本电气通信大学、以色列创新团队、美国爱达荷大学等进行深度对接；中国海洋石油集团有限公司两项技术需求分别与两家企业对接已进入合同细化阶段，

研发投入超过千万。

（二）助推“区域协同”，推动长三角一体化不断深入

完善“上海国际技术商城”，三省一市数据互通，平台打破上海、浙江、江苏、安徽四地的信息壁垒，实现数据填报标准化、信息数据互通化，需求对接协同化。

挑战赛创新需求中，江浙皖企业需求量约占总量的40%。其中，安徽省招标集团、浙江省嵊泗枸杞乡人民政府、江苏中复神鹰碳纤维股份有限公司等企业“有机固体废弃物绿色高效处理技术”的共性需求精准对接上海治实合金科技有限公司的解决方案。江苏丹阳威尔机械有限公司提出的“焊接设备智能化升级项目”需求，由上海电气核电集团有限公司及核工院的联合解决。上海交通大学附属瑞金医院“人工智能辅助麻醉机器人”需求，最终由美国GTM医疗器械公司提供技术，浙江善时生物药械有限公司实现了对GTM的技术并购并负责资金支持、产品上市。

长三角一体化协同不断深入。上海市联同江浙皖三省共同实施长三角专场活动，开展第二届长三角国际创新挑战赛，赛事汇聚三省一市848家企业创新需求2433项（其中上海1506

项、安徽411项、江苏382项、浙江81项、海外需求8项、其他省市45项），撬动企业意向投入140.6亿；征集解决方案793项（其中上海748项、江苏2项、浙江4项、安徽18项、海外解决方案8项、其他省市13项），促成388项技术需求与科技成果、研发能力成功对接（其中跨省市解决的需求有7个）。

上海现场赛PK

（三）强化“精准服务”，做强技术转移专业化机构

专业化服务机构不仅可以精准地挖掘企业需求，更为服务机构创造更多市场。2019年参与上海挑战赛的服务机构由2017年的13家增加至32家，在创新供需的精准对接和服务上发挥了积极作用。同时建立配套政策服务保障机制，联动市级科技成果转化服务体系建设、科技创新券等政策工具，带动市区政策

投入超过千万，极大了激活了市场化服务机构参与的积极性。

上海挑战赛设置数据智能区块链、高端装备与人工智能、智能制造与新材料等29场专场。其中，大企业创新专场2场、国际创新专场3场、长三角创新专场5场，特色专业领域创新专场19场，精准服务各细分领域的需求企业。

第四届中国创新挑战赛（上海）专场对接活动列表

序号	承办单位	专场名称	实施单位
1	上海市市场监督局	精准测量创新发展	上海容智知识产权代理有限公司
2	普陀区/海外	中以创新协作	五零智慧产业科技园
3	杨浦区	外企开放式创新	上海创派投资咨询有限公司
4	宝山区	智能制造与新材料	上海市宝山区科技企业联合会
5	奉贤区	东方美谷	114产学研协同创新服务平台
6	黄浦区	老字号品牌	上海微电子设计有限公司
7	嘉定区	智能网联汽车	汽车·创新港科技企业孵化器
8	金山区	新材料及农业	上海金山嘴金融信息服务有限公司
9	静安区	数据智能区块链	上海扩挣信息科技有限公司

续表

序号	承办单位	专场名称	实施单位
10	闵行区	高端装备与电子信息	上海梧笛技术转移咨询有限公司
11		新材料与节能环保	上海迈坦技术转移咨询有限公司
12		高端装备与人工智能	上海容展科技有限公司
13		新材料与节能环保	清丞新材料科技（上海）有限公司
14		人工智能	上海氦刻众创空间管理有限公司
15		新材料与生物医药	不远高新科技（上海）有限公司
16	徐汇区	大企业开放式创新	上海容慧专利代理事务所
17	青浦区/长三角	青吴嘉一体化示范区	114产学研协同创新服务平台等
18	浦东新区	国际智能医疗器械	上海理工大学技术转移中心
19		临港智慧海洋	上海海事大学、上海海洋大学
20	国有企业	中国宝武集团	上海吴淞口创业园有限公司
21		上海仪电集团	上海云赛创鑫企业管理有限公司

续表

序号	承办单位	专场名称	实施单位
22	长三角	中小企业	上海一实网络科技有限公司
23		智能制造	茄子（上海）管理咨询有限公司
24		新材料	绿丞科技服务（上海）有限公司
25		人工智能	上海云孵信息科技有限公司
26		工业技术升级与产品改良	上海迈坦信息科技有限公司
27	海外	全球清洁技术	宇墨企业管理咨询（上海）有限公司
28		法国创新资源对接	上海威钛科技有限公司
29		欧洲创新资源对接	国家技术转移东中心欧洲分中心

（四）促进“精准供给”，引导产学研高效合作

国家技术转移东部中心作为挑战赛承办平台，推出“抢单模式”和“VIP通道”，综合促进供需精准对接。“抢单模式”是指将需求发至服务机构，由其匹配自身平台高校院所专家资源进行抢单，超一周未解决再开放；“VIP通道”每周两次将精选需求向全市19所理工类高校定向发放，推动高校院所科技成果精准供给企业需求。

在381项已解决的企业需求中，62%成功匹配到高校院所科研团队。上海元牡信息科技有限公司提出“铁合金金属属性和基因库”需求，源自宁夏回族自治区石嘴山市工业和信息化局（简称工信局）提出的东西部合作项目（总投资4500万），成功对接上海大学特殊钢国家实验室于要伟团队，这一基础材料研究可大力推进中西部铁合金智能制造，预计每年为企业节省900多亿资金。

（五）配置“全球资源”，积极畅通海外创新渠道

第四届中国创新挑战赛（上海）吸引兄弟省市和全球广泛关注和参与，平台上汇聚了13个省市的企业技术需求，并在英国、法国、以色列、新加坡、荷兰等国家和地区进行推广和需求发布。

依托挑战赛平台“走出去”“引进来”，上海组团参加法国“VIVATECH”科技展，上海腾通信息科技有限公司获得了法国ENGIE集团发出的投资意向书；上海云拿智能科技有限公司已与法国索迪斯Sodexo和欧尚Auchan等公司的中国总部开展合作。医疗器械专场通过第三届世界医疗器械设计（中国）大会，面向10个国家的25个医疗器械研发机构与创新载体、300余家参展企业征集需求。全球清洁技术专场赛共有来自12

个国家的26家海外清洁技术企业和机构与中国110家环保企业、投资公司、咨询机构和政府部门参与，组织60余场技术路演，150多次对接洽谈，达成14项有效合作意向。

二、促技术融合　精彩现场实测比拼——中关村专题赛

第四届中国创新挑战赛（中关村）科技技术融合专题赛，经需求挖掘分析和精准推送对接，共发布需求120个，分两批向社会公开发布。内容涉及新能源与动力装置、人工智能、大数据、无人系统、网络安全与通信、新技术新机理、北斗导航应用等领域。来自全国的223个单位报名参赛，收到261个解决方案，组织专家在线预评和专题赛组委会初审，221个解决方案参加现场赛。

赛委会在中关村科技园区海淀园、丰台园、石景山园、门头沟园和平谷园分别设置7个赛区，分领域组织现场实测比拼、方案比拼，决出48个优胜奖、41个优秀奖，41个需求与60个参赛技术形成合作意向。专题赛秉持“挑战、融合、创新”宗旨，突出需求牵引，创新赛事组织，搞好对接服务，促进深度融合，较之前两届，又有了新的发展和突破。

中关村专题赛启动仪式

（一）形成多点支撑的组织架构，赛事体系更完备

在往届基础上，增加中关村科技园区海淀园、丰台园、石景山园、门头沟园、平谷园担任专题赛联合主办单位，增加中关村产业联盟、协会及技术融合特色园担任领域赛事承办单位，增加北京航空航天大学技术转移中心、北京理工大学技术转移中心、北京航信佳禾科技有限公司、中科合创（北京）科技成果评价中心等单位担任成果转化合作单位，组织架构进一步完善。

依托赛事平台，重点在新能源、人工智能、网络与信息安全、无人系统、北斗导航应用5个专业领域，打造“1＋1＋N”专业赛事组织架构，即每个领域均形成1个需求和项目牵引，

1个专业联盟（协会）赛事组织支撑，多个成果转化机构提供服务的专业化赛事融合格局。

（二）突出任务项目的牵引，需求挖掘更精准

专题赛以促成合作为目标，把有任务背景的需求作为征集重点。一是向专业机构征集；二是到需求一线挖掘；三是专题会商分析。组织专家14次走进需求单位，召开座谈会、研讨会，进行需求挖掘方法专业培训，共同筛选、分析、完善、提升。

本届挑战赛征集的120个需求中，接近八成属于迫在眉睫的“卡脖子”技术且应用指向明确。挑战赛需求挖掘更精准，增强了牵引性、创新性、挑战性。

（三）采用对接推送的模式，方案征集更匹配

针对技术融合的新形势、新要求，赛事信息推广由媒体宣传调整为精准推送。

专题赛成立服务与动员联席会，协调相关部门向国家高新区与科研单位定向推送需求。组织需求方单位专家走进18个技术融合特色园、服务平台、高校成果转化中心解读需求；赴广州、西安，与当地高校、科研院所、企业，面对面解读需求，吸引了更多优质解决方案参赛。

（四）增设专家辅导平台功能，点评对接更便捷

充分发挥技术专家供需对接的“催化”作用，助推供需双方沟通更顺畅。完善专题赛微信公众号和官网框架，增加专家线上辅导功能，并开设专家与企业讨论区。增加点评实时提醒功能，参赛方提出问题、专家点评和回答结果即时推送双方，提高了供需沟通效率和质量。优化专家结构层次，由不同领域专家解答专业问题，辅导更具权威性。参赛单位100%参加线上对接辅导，提出问题500余条；217名专家提出意见、建议2000余条。

（五）创新实测比拼组织模式，领域赛事更专业

改变前两届从预赛到决赛的分阶段组织模式，开设领域专项赛，依托专业机构支撑，组织实物比测和现场比拼，且每个实测均有需求单位设计实施方案；提供专业化实测场地和设备，行业专家现场评分，出具专业实测报告。

1.“无微不智2019”挑战赛创国内之“最”

2019年11月，中关村专题赛平谷赛区的“无微不智2019”全国微型智能无人机挑战赛在平谷通航产业基地举行。举办这一赛事，从一开始就定位为“国内最轻量级”，重点突出

“微”和“智”两个主题，限制参赛作品起飞重量500克以内。新的挑战规则吸引了国内26个单位和团队提交55个解决方案。

经过实飞比拼，集中展示了国内微型无人机平台技术能力水平，参赛团队的设计方案为视觉导航、灵巧避障、多源数据融合等技术研究提供了创新思路。最终2个需求与4个单位达成合作意向。

2. 网络与信息安全设备专项赛发现11个未公开网络漏洞

中关村科技园区管理委员会与某研究所共同主办的网络与信息安全专项赛，是国内首家通过对网络信息安全、设备安全性评估技术实测比拼，开展设备攻防技术研究的专业赛事。

实测比拼由需求方提供实测环境设备和数据条件输入，参赛方携带相关设备，按照实测规则进行实测，专家按照实测和评分规则评审打分，在11个分会场组织某网站安全性测试、家用路由器安全性测试、安防视频监控系统安全性评估等11项实测。经过12个小时的比拼，现场发现了11个未公开网络漏洞，收到意想不到的效果。

（六）发挥多元连通的集聚优势，融合功能更凸显

专题赛实现小比拼融合大资源。一是通过赛事科学组织，需求方出需求、盯成果，参赛企业研技术、盯合作，中关村科技园区找企业、盯对接，把政府、社会组织、科研机构、企业等相互关联起来，形成聚合效应。二是通过专题赛线上点评辅导系统，将需求、专家与技术成果整合起来，促进了各方深度融合交流。三是通过专题赛实物比测和现场比拼平台，将装备建设和企业发展结合起来，促成60项技术成果合作。将169个国家高新区、70余个全国技术融合社会组织和众多优势民营企业，吸引汇聚到专题赛活动中，进行沟通对接合作。有效发挥专题赛多元连通、融会贯通和服务沟通的平台作用，初步形成了广泛参与、深度融合的格局。

三、立足本地产业特点　加速省内资源转化——西安赛事

西安打造“硬科技之都”是瞄准世界科技前沿，实现前瞻性基础研究、引领性原创成果的重大突破。“硬科技”所涉及的人工智能、航空航天、生物技术、光电芯片、信息技术、新材料、新能源、智能制造等八个领域，通过人才、资本、技

术、项目等多个创新要素，形成硬科技领域完整生态链，使西安成为国际一流人才和科技成果的聚集区。

第四届中国创新挑战赛（西安）重点针对“硬科技”产业，主要围绕人工智能、生物技术、信息技术、智能制造、光电芯片、新材料、新能源等领域开展需求征集；技术融合领域重点围绕电子、通用航空、卫星天线、激光雷达、无人系统、新材料等重点领域开展了需求征集、技术方案征集、供需对接等多场次活动。其中现场赛分三场次举行，分别为技术融合专题赛、西咸新区专场赛和“硬科技”大赛。第四届中国创新挑战赛（西安）紧紧围绕“硬科技”这一核心开展赛事组织工作，共征集236项技术需求，公开发布108项；征集到解决方案275项，实现97个技术创新需求与215个解决方案成功对接，现场签订意向协议69项，合同金额共计4352万元。

中国创新挑战赛（西安）挑战赛连续三年作为全球“硬科技”创新合作大会的重要内容之一，充分把国家级赛事与西安科技成果转化特色相结合，秉承“聚集创新、需求导向、精准匹配、目标挑战”的理念，持续聚力“硬科技”产业，加速科技成果与产业需求对接，推进技术成果转移转化，不断提升企业创新能力与水平，助力西安“硬科技之都”的建设，助力“硬科技”的开发，助力“硬科技”产业的培育和发展，为西安经济的发展提供新的动力，使之成为西安市政府支持和促进全市创新活动的重要抓手。

（一）通过赛事助推科技计划立项新模式

连续几年举办挑战赛促成了陕西省科技厅建立以解决企业技术需求为导向的科技计划立项新模式，结合“1155”工程的实施，推动500家省级创新平台向赛事参赛企业开放共享，为陕西省数万家科技型中小企业提供技术创新支撑，进一步推进产学研用深度融合，打通科技成果转化应用到产业化通道，推动产业创新发展。

（二）依托区域优势，助力西安打造“硬科技”之都

第四届中国创新挑战赛（西安）作为西安市2019全球“硬科技”创新暨“一带一路”创新合作大会的内容之一，围绕着西安及周边地区“硬科技”产业，开展技术需求挖掘、梳理本地区“硬科技”产业发展情况，凝练和解决“硬科技”产业发展难题和关键技术创新需求，聚集和整合各类资源，提升了政府的创新服务能力，成为西安市政府支持和促进全市创新活动的新的抓手。

硬科技主题赛颁奖仪式

（三）立足本地产业特点，多场次多领域推进挑战赛活动

按照本地区域资源和重点领域进行分类，分别举办多场次赛事，提高技术需求征集效率和质量，精确把握企业所面临的难点和市场需求，提升了对接解决方案的精确度，取得了良好的成效。

西咸新区专场赛是以西咸新区沣东、沣西新城以及翱翔小镇为载体，以解决西咸新区及陕西地区人工智能领域创新需求为目标，围绕智能电子设备、轨道交通设备、无人机、机器人等生产集群开展需求征集，面向社会公开征集、寻求解决方案，通过“挑战”“比拼”实现解决方案的竞争择优。

西安赛事专家提问环节

（四）加速科技资源在省内就地转移转化

将西安作为科技资源的输出方，通过挑战赛以需求为导向，针对延安、榆林、咸阳等赛区的企业技术需求，精准对接科技成果和解决方案，完成陕西省内技术成果的就地转移，据统计实现省内技术成果就地对接率70%以上，加速省内校企合作。

（五）积极探索挑战赛创新模式，打造科技服务机构生态圈

通过需求牵引打造开放式技术展示、对接、转化及合作的技术转移平台，本届赛事在往届基础上，坚持了创新发展、积

极突破，探索形成了“赛事+需求对接+专业科技服务”三位一体的专业化运营模式，探索挑战赛与市场化的技术转移活动相结合的创新模式。

借助全国创新挑战赛平台，培育本地在技术创新需求征集、筛选、梳理，技术成果挖掘、加工以及供需对接方面的科技服务机构能力，提升本地科技服务机构的市场能力、技术能力、人员能力……形成以技术订单为牵引的产、学、研、服务机构为一体的科技服务机构生态圈。

四、培育企业创新精神　破解产业共性难题——宁波赛事

第四届中国创新挑战赛（宁波）由科技部指导，科技部火炬中心、宁波市科技局承办，宁波市生产力促进中心、宁波市升力同创科技咨询服务有限公司实施，结合宁波市“科技创新2025”重大专项，以先进制造、新材料等优势产业领域为重点，围绕关键共性技术需求及企业个性化技术需求，面向社会公开征集、寻求解决方案，通过“挑战”“比拼”实现竞争择优的众包服务平台。

第四届中国创新挑战赛（宁波）自5月16日正式启动以

来，前期共征集挖掘了217项技术需求，从中筛选了102项企业急需解决的技术需求面向全国发布；经过定向邀请、公开报名、方案征集等环节，共收到挑战报名表99份，向56个需求项目发起挑战。经过前期对接和组委会确认，最终有47个需求项目进入现场赛，现场对接技术需求77项（次）。经过激烈角逐，现场达成合作意向43项，较去年增长26.47%，合作金额达5248.5万元，较去年增长28.48%。合作意向数和金额均创历史新高。

（一）结合“科技创新2025”重大专项，聚焦关键共性需求

今年赛事继续开展关键共性技术需求与市“科技创新2025”重大专项相结合，对在大赛中成功对接且符合市“科技创新2025”重大专项资助条件的项目，给予相应的经费支持，有力推动了宁波科技成果转移转化，在宁波企业创新和产业转型过程中发挥重要作用。

经过对需求进行现场初审及“科技创新2025”申报信息查重后，从15项关键共性技术需求中推荐9项紧跟市场、对企业的技术攻关具有重大意义、符合宁波产业发展方向的关键共性技术需求组织专家开展答辩评审。最终根据专家评分排名，按

照规定流程确定5项关键共性技术需求进入立项推荐环节。

这5项关键共性技术需求前期共收到技术团队报名表21份。经过沟通确认，最终有16个挑战团队参加了现场挑战（其中市外团队12个，占比75%），每个需求项目均有3个及以上团队竞争对接。这些重点产业技术难点、痛点及前瞻性发展需求极大提升了本届赛事需求的质量，也较大幅度提高了挑战团队的层次和水平，为饱受“技术制约之痛”的宁波的企业（简称甬企）提供更强大的科技支撑。

将挑战赛与“科技创新2025”重大专项结合，既有利于提升挑战赛参赛单位的层次和参赛团队的水平，同时也提高“科技创新2025”重大专项的实施质量，对补齐宁波科创资源短板、加速集聚优质创新资源、支持宁波企业创新和产业转型有重要意义。

（二）提高大数据分析质量，提升定向邀标团队精准度

通过对前几届挑战赛大数据报告进行梳理分析，进一步完善大数据报告的栏目设置，明确内容要求，面向专家型技术经纪人（需求诊断专家）组织开展数据检索相关培训。通过系列改进使今年的大数据报告质量明显提升，定向邀标团队更为精准，平均每份报告可邀请团队4.5个。因此，本届挑战赛虽然

定向邀标团队总数基本与去年持平，但报名表数量和到现场的定向邀标团队比往年有翻倍增长，共收到报名表25份，投标率达到32.5%。

（三）国内知名院校团队报名，产业技术研究院积极参与

第四届中国创新挑战赛（宁波）前期做了充足的准备工作，在解决方案征集阶段，通过多种渠道、多种形式广泛宣传，诚邀技术团队“揭榜比拼”。最终共收到来自北京、上海、天津、浙江、江苏、陕西、四川等15个省市的50家高校、科研院所、企业和发明人的99份报名表，对应企业需求56项，每项需求的平均报名团队1.77个。除了近年引进的高水平产业技术研究院本部单位团队外，清华大学、西安交通大学、浙江大学、华中科技大学、南京航空航天大学等国内知名院校专家团队均有报名。本届挑战赛达到了以企业需求为导向，集国内创新资源，提供优质高效解决方案的初衷。

本届挑战赛充分发挥了宁波市近年来新引进的高能级产业技术研究院的创新资源，同时依托其本部资源优势，为宁波招才引智。上海交通大学、北京航空航天大学、哈尔滨工业大学、大连理工大学、西安电子科技大学、机械科学研究总院南

方中心、中国科学院（以下简称中科院）宁波材料所、中国兵器科学研究宁波分院、宁波工程学院等高校及产业技术研究院都有相关专家团队积极报名参加。这些高校及研究院所共参加竞争对接、挑战25项次，达成合作意向16项，意向金额1641万元，占总意向合作金额的31.3%。通过挑战赛，引进的产业技术研究院的专家资源团队逐渐与宁波市技术需求企业产生积极的“化学反应”。

五、“三通一贯”工作模式　促进科技成果转化服务生态升级——北京赛事

北京市科委在组织承办第四届中国创新挑战赛（北京）工作中，紧扣首都城市功能定位、京津冀国家战略的产业领域，挖掘民生健康、污染治理、城市管理、产业优化升级等方面应用场景需求，首次推出“三通一贯”工作模式，实现国有企业、民营企业“需求通”，高校院所解决方案“供给通”，专业机构和平台“人才通”，以及服务和辅导“始终贯通”。

赛季共征集到来自北京、河北等12个地区的300余项需求，涵盖医药健康、节能环保、智能装备、新一代信息技术、人工智能等高精尖领域。最终遴选出128个技术改造、技术配

套、产品研发、技术研发的创新需求面向社会发布并征集挑战方案。

依托北京科技创新主体丰富的优势，重点通过“北京市科技成果转化统筹协调与服务平台”对接北京大学、清华大学、北京理工大学、北京工业大学、北京交通大学、中科院计算技术研究所、中科院电子学研究所等近20余家在京高校院所，通过其成果转化部门面向高校院所特色专业集中征集解决方案；通过北京创业孵育协会、北京技术市场协会等社会组织和市场化技术转移机构、孵化器、众创空间、科技园、技术交易所等科技成果转化专业服务机构，面向各类创新创业主体征集解决方案。组织征集各类解决方案及线索200余项，有61项需求与超过100项技术解决方案成功实现对接，46个项目需求达成合作意向，总金额近3.55亿元。

（一）服务下沉，首次试行“三通一贯”工作模式

将赛委会人员外延拓展到各个专业服务机构和支撑平台，激发从业人员的转化热情，实现“人才通”；充分依托北京成果转化统筹协调与服务平台各项机能，发挥北京科技创新优势，对接各高校院所专业实验室，使得本届大赛高校院所提供的解决方案占比达59%，实现“供给通”；政务、媒体渠道广

泛触达各级国有企业、行业龙头企业、行业“独角兽”企业等民营企业，提出需求企业涵盖了大中小型科技企业，实现“需求通”；依托专业化成果转化服务机构，对有望寻找到“另一半”的技术需求，进行“贯通始终”的服务与辅导。

（二）持续跟踪，助力国有企业攻坚行业技术壁垒

本届挑战赛，征集来自民营企业、国有企业、事业单位技术创新需求发布分别占到总需求的76%、22%和2%。其中，国有企业涉及北京控股集团有限公司、北京首都创业集团有限公司、北京首发投资控股有限公司、北京首农股份有限公司、北京北广科技股份有限公司、中国中材集团有限公司、中国国家铁路集团有限公司、中国中钢集团有限公司、中交房地产集团有限公司等企业集团的成员企业。关键技术难点突破与产业方向布局实现：首创环保“填埋垃圾渗液的全量化处理技术”，是一个行业难题，在上届对接十个解决方案未果的基础上，赛委会秘书处重点进行需求解决方案匹配，本届又为其对接了中国农业大学、北京工业大学等大学院所和博海云通中水处理技术（北京）有限公司、北京绿安创华环保科技有限公司等科技企业八条解决路径，虽然没有形成明确的合作意向，但有两条技术解决路径引起了需求方的重点关注，并建立了沟通机制，

并拟开展验证性实验。

（三）疏通“堵点”，保障成果供给向创新需求传递

北京市科委推进高质量科技成果转化，搭建“科技成果转化统筹协调与服务平台”，为高校院所、创新企业、服务机构做好科技成果转化供需对接和落地承接服务；发布30项应用场景建设项目清单，为新技术、新产品、新模式拓展应用空间；于2020年实施的《北京市促进科技成果转化条例》，率先破解职务科技成果权属难题，疏通以往科技成果转化中多个环节的“堵点”，为科研人员破除成果转化体制机制障碍。本届挑战赛，有接近60%的解决方案来自高校院所。

（四）协同发展，为供需双方弥补信息盲区

发挥首都的辐射带动作用，聚焦京津冀协同发展中的现代服务业需求，通过需求悬赏和技术对接，提升企业精准创新和成果承接能力，推动企业为主体、市场为导向的产学研一体化进程。本年度，通过专业服务机构面向津冀地区开展需求征集和发掘，数量占到有效需求的10%以上，其中衡水电机股份有限公司（以下简称衡水电机）与北京技术方形成了合作意向，投资额超过1000万。

（五）同声翻译，让供需双方同“场”交流

引入专业服务机构的技术价值、市场前景等专业分析评价能力，多维度的挖掘需求，并精准匹配对接技术方，提升对接实效，促进科技成果转移转化落地。主导了方象知产公司深度参与“国家康复辅具社区租赁服务试点应用场景解决方案”需求挖掘，通过改变技术的应用场景将现有技术引入到康复辅具的应用场景之下，使更多的技术持有方可以参与到辅具产业的发展当中，也让康复辅具产业在技术发展过程中能够有更多的技术解决方。

六、建立标准化工作指南　全面推广赛事品牌——浙江赛事

自2019年5月17日省科技厅正式发布《关于开展第四届中国创新挑战赛（浙江）暨2019年浙江省技术需求“张榜招贤”活动的通知》以来，截至7月15日，挑战赛（浙江）共征集到技术创新需求210项，经专家评审、甄别、分析，通过分析梳理，于10月8日面向全国的知名高校、研究院所、产业技术研究院发布了技术创新需求100项，其中15项入选行业现场赛，1项入选全国重点需求，于9月20在北京召开的第四届中国创新

挑战赛需求集中发布会上隆重发布。

挑战赛（浙江）共征召到来自北京、上海、江苏、湖北、山东、辽宁、湖南、广东等地的100支挑战团队，其中33支团队参与了在金华、兰溪、衢州、建德、新昌五地举办的5场行业现场赛（新材料行业现场赛、生物医药行业现场赛、数字信息行业现场赛、节能环保行业现场赛、高端装备制造行业现场赛），经过方案比拼和价格比拼两个环节，决出了5个一等奖，10个二等奖，15个三等奖，达成15项需求签约，意向合作金额2300.5万元。

据不完全统计，公开发布的百项需求中已促成77项需求成功对接合作，210项需求中共有128项需求成功对接，签约项目30项，意向合作总额为4061.5万元，需求对接率为61%。

（一）以需求为导向，建立赛事工作机制

按照科技部火炬中心的要求，浙江省科技厅切实加强组织领导，做好顶层设计，形成挑战赛的良好工作氛围。

（1）强化组织领导。在2017年成立的挑战赛组委会的基础上（组委会由主办单位、承办单位、协办单位的有关负责人组成），秘书处设在浙江科技大市场的运营单位（浙江伍一技术股份有限公司），下设秘书组、会务组、宣传组和外联组

四个工作组，进一步强化组织领导，设立专家评审组、监督仲裁组和技术工作组，建立投诉和纠纷处理机制，确保赛事公正公平进行。在赛事组委会统一领导下，秘书处负责挑战赛的具体组织实施和日常管理，并协调行业现场赛承办地的科技管理部门及承办单位组织实施各行业赛，在全省科技系统内形成上下协同、横向联动的工作体系，共同推进挑战赛的各项实施工作。

（2）抓好方案编制。结合往年的承办经验，并学习借鉴其他省市的成功做法，积极谋划浙江省今年挑战赛的创新发展思路、总体目标和重点任务，为挑战赛工作做好顶层谋划。在赛制上既有传承又有创新，在办赛形式上，沿袭行业赛的做法，含新材料、生物医药、数字信息、节能环保、高端装备制造五大行业现场赛；在评分机制上，首次增设了商业模式环节；在赛场设置上，采用电视节目舞台设计方式，营造了浓厚的“挑战”氛围。

（3）广泛征集发动。在全省范围内广泛动员和征集企业技术创新需求，通过需求方自主报名，赛事承办单位、协办单位主动挖掘和各市县科技局（委）组织等多种征集方式相结合，要求每个县（市、区）好中选优地向秘书处提交3～5个有效技术需求，在此基础上，利用省市县三级技术市场体系，组织科技中介服务机构、高校、科研院所协同开展服务对接工作。

同时，加大宣传力度，充分利用各类媒体、宣传资源，组织动员需求方报名参赛。赛事组委会结合各赛段重点工作，开展系列宣传活动，开发挑战赛小程序，进一步提升赛事影响力、知名度。

（4）强化建章立制。根据挑战赛赛事特点和浙江省工作实际，起草《中国创新挑战赛（浙江）工作规则》，对挑战赛的组织机构、参赛主体、赛事流程、组织实施、奖励支持、评分规则、争议处理等内容做了规范梳理，并对各个阶段的工作进行表单化管理，使各项工作流程有据可依。同时，每场赛事全程录像存档，以可追溯。

（5）完善政策保障。组委会设立挑战赛专项资金，其中赛事组织经费80万元，奖励经费132万元，共设1个金点子奖、4个一等奖、10个二等奖和15个三等奖，以激励参赛各方的积极性、主动性。同时，制定挑战赛奖励配套支持政策，对通过挑战赛对接成功、签订合作协议的技术需求，按实际成交金额的20%给予补助，最高不超过200万元。

（二）以目标为导向，提供全链条长效服务

1. “片警式”管理和“保姆式”服务相结合

对需求方的服务划片到人、责任到人，保证对每一个需求进行对接，做到每一个需求有反馈。根据需求的地域分布情况，分配相应科技大市场的片区负责人，在找到有意向的挑战者后，按照“一企一人，全程跟踪”的原则，由片区负责人负责需求方和挑战者的沟通和对接工作，对所有负责需求实行责任包干、跟踪管理，通过责任的落实去确保服务的到位。

今年公开发布的100项需求的服务对接工作，按11个地市，共配备了11位科技大市场的片区责任人，由其所在的科技大市场作为强力后盾，负责衔接各个环节的工作，全省科技大市场共有60余人投入到挑战赛年度的常态化对接服务工作中。

2. 线上线下联动，服务提质提效

在挑战赛的各个阶段，线上线下联动一直贯穿始终，打通了从需求征集到成功对接的全流程服务。在线上，一方面，通过科技部火炬中心中国创新挑战赛官网、浙江省科技厅官网及官方微博、浙江省技术需求“张榜招贤”赛事官网（http://

www.51jishu.com）、官方微博及相关协办单位网络平台，实现赛事的发布、注册、公告等基本功能。另一方面，在组委会秘书处通过对需求方的上门走访或电话沟通，完成需求的首轮核实、梳理和优化后，以线上线下结合的方式对需求进行后续对接与服务，一是依靠服务机构和科技大市场已有的专家资源，直接进行线下的匹配对接。二是利用万方数据、创新助手、佐创智推、浙江省知识产权交易中心的专利评价系统和精准匹配系统等互联网工具，搜索与技术需求相匹配的省内外相关高校、科研院所、业内相关企业中的潜在专家，进行精准匹配，按照“就近服务”“快速短路”等服务原则，由当地科技局、省市县三级技术市场、服务机构等向需求方精准推送专家（带领专家深入企业），由需求方选择相应专家，再邀请专家参与挑战、解决难题，实现需求方和挑战方的对接，实现科技成果的转移转化。三是持续开展“百名专家下企业”专题服务活动，经过前期对需求的核实和初步分析，梳理出需求的分布领域，针对性地选择对口院校和专业的专家，主动下企业对接服务，对企业需求进行进一步挖掘与梳理，为企业提出更准确的需求和提供更适合的解决方案，1200余名专家不同程度地参与了本届赛事。

3. 打造链条化技术转移服务体系

挑战赛以需求为导向，搭建了技术供给对接平台，汇聚了技术创新需求的供方、需方、服务方，尤其是科技中介服务机构，在挑战赛的不同阶段积极主动参与，发挥了各自的优势作用，围绕挑战赛这一中心点共同发力，推动赛事规范有序开展。如开展需求征集、挖掘、分析，出具分析报告；参与需求广泛发布和针对性推送工作；参与解决方案征集工作，发现和邀请挑战者；参与解决方案评价工作，组织实施需求对接；提供专项查新、科技评估、知识产权、金融投资、企业发展战略等咨询服务，发挥了很好的桥梁和润滑剂作用。秘书处很好地利用挑战赛这个平台，集聚了一批服务机构，实现了科技创新与转化服务资源的互联互通。今年在前两届合作的基础上，拓展了8家投资机构、6家技术转移机构。

截至目前，秘书处通过挑战赛共集聚了43家专业服务机构，打造了全链条、精细化、市场化的技术转移服务体系。同时，各级科技部门、科技大市场将挑战赛的需求和解决方案的征集对接工作与日常服务企业工作紧密结合起来，建立了为企业服务的常态化工作机制，以赛事带动各方积极性，又在日常服务中推动赛事的进展，两者相辅相成。下一步，将组织科技中介服务机构、高校、科研院所等协同开展服务对接，将需求对接工作常态化。

（三）以价值为导向，注重赛事品牌推广

1. 品牌化运作

挑战赛以品牌赛事IP的形式来推进，统一赛事整体VI设计（含赛事现场美陈设计、奖杯证书设计、挑战赛VCR制作等）、统一宣传（秘书处委托专业媒体团队策划和执行，统筹中央、省级、厅属媒体，各地市媒体由行业赛承办单位统筹）、统一工作小组（秘书处抽调人手，组建赛事工作小组，向各行业赛输出）。

2. 社会化推广

挑战赛的宣传以“形式新颖、内容丰富、重点连续、效果精良”为总体思路，紧扣“创新驱动发展，挑战成就梦想”主题，邀请了专业的媒体团队为挑战赛量身定制宣传方案，并全程执行。

在赛事宣传片制作上，与省科技信息研究院传播中心合作，对方派出了专业团队全程跟拍5场行业现场赛花絮，赶在

总决赛前新鲜出炉，既全面又有时效性，颇受好评。

在赛事整体宣传推广上，与科技金融时报新媒体部门合作，不断创新宣传方式，突出赛事亮点，参与媒体众多，平台层次较高，宣传手段丰富，为挑战赛提供了良好的舆论氛围和精神动力。

3. 规范化培训

开展赛事实务培训，高质高效有序推进组织工作。在前两届对服务机构和科技大市场进行线下培训的基础上，今年充分利用网校平台不定期地开展赛事的辅导培训、经验交流等活动，效果显著。在服务企业的过程中，还通过上门服务、专家对接会、赛前沟通会等多种形式，对需求方、挑战者进行挑战赛相关内容的宣传培训，保证各方充分沟通，也有效地宣传推广了赛事。同时，组委会秘书处通过组建挑战赛赛事筹备群，做好各工作小组的分工布置与任务培训；组建需求征集工作群，集合科技大市场分市场、服务机构、高校、科研院所等力量，对需求方进行走访和对接服务，完成需求的征集、分析、筛选、整理工作，以提升专业化服务和保障能力。

七、服务机构积极参与　助力高质量发展——扬州赛事

扬州是一个技术需求旺盛、供给不足的区域，与中国创新挑战赛的定位不谋而合。当前，扬州正在加快建立以企业为主体、市场为导向、产学研深度融合的技术创新体系，全力推进新兴科创名城建设。因此，扬州积极申请承办了第四届中国创新挑战赛。

第四届创新挑战赛（扬州）精选出的192项企业技术创新需求，通过科技部火炬中心官网、中国创新挑战赛官网、《科技日报》、《中国高新技术产业导报》等官方媒体，以及国家科技成果网、国家技术转移东部中心、中科院老专家技术中心、上海张江高校协同创新研究院等平台，面向全国公开发布和解决方案征集。累计收到有效解决方案320多项，分别来自中国台湾台有化学、清华大学、西安交通大学、上海理工大学、大连理工大学、山东大学、东南大学和中科院系统专业研究所等89家单位，省外占到73%，最多的一项企业技术需求收到了13个解决方案。通过走访、电话、微信、视频等方式，促成解决方案提供方与技术需求企业对接470多次，其中深入企业现场面对面对接近百次。挑战赛现场，来自全国高校院所的

120多个挑战团队、扬州近百家技术需求企业、全国高校院所在扬州设立的技术转移中心和产业研究院等创新服务载体代表、技术转移机构和技术经纪人代表400余人参加了现场赛，进行技术对接、洽谈合作。最终，共有58个项目达成意向合作，意向金额达8290万元。赛事获得了《科技日报》、《人民日报》、中共江苏省委新闻网、交汇点、中国江苏网、《扬州日报》、扬州网和新浪等媒体的重点报道。

当前，扬州正在加快建立以企业为主体、市场为导向、产学研深度融合的技术创新体系，全力推进新兴科创名城建设，争创扬州高质量发展第四次辉煌。因此，扬州积极申请承办了第四届中国创新挑战赛。此届挑战赛，扬州总结经验，不断探索和创新，聚全市之力成功承办了第四届中国创新挑战赛。

扬州现场赛

（一）政策先行，招才纳贤

扬州市针对中国创新挑战赛的举办，专门出台了《扬州市技术转移奖励办法》。该办法明确规定：对企业引进先进技术成果转移转化的，利用扬州市创新券予以奖励，可直接申领20万元额度创新券，并享受优先兑换。在挑战赛中企业与技术供给方签订技术合同的项目，三年内申请扬州各类科技计划可不通过评审、直接获得最高100万元立项支持，并获得优先推荐国家和省级各类科技计划的资格。各类技术转移机构和技术经纪人提供的扬州市企业技术需求信息，经审核入库后，按每条100元予以奖励。对各类技术转移机构为扬州企事业单位引进转移转化成果的，按照技术合同实际成交额的2%予以奖补，单个合同奖励最高10万元。对技术经纪人开展的技术转移活动，按技术合同实际成交额的1%予以奖补，单个合同奖励最高10万元。

为了确保赛事顺利进行，扬州赛事组委会特发文《关于征集第四届中国创新挑战赛（扬州）现场赛对接专员的通知》，征集技术转移机构人员、技术经纪人担任竞争对接区现场对接专员，主要负责记录对接区需求企业与技术团队对接的洽谈内容，并协助促成双方达成初步合作意向。专业科技服务机构在提供针对性需求挖掘和行之有效的技术对接服务，保障了赛事高效开展的同时，与需求企业也建立了长期合作。

（二）资源整合，全市联动

扬州以承办中国创新挑战赛为契机、为杠杆、为抓手，撬动和整合全市科技资源，建立以企业需求为导向、大学和科研院所为源头、技术转移服务为纽带、产学研相结合的新型技术转移体系，为技术转移全过程提供高端、优质和高效服务。

（1）在全市成立了扬州市技术转移协会。由80多家驻扬高校院所、科技服务机构、金融创投机构和科技创新骨干企业等单位组成，致力于新时代下技术转移和科技创新服务的探索，以技术转移服务需求为纽带，集聚社会科技资源，搭建技术转移服务平台，为中国创新挑战赛的需求挖掘、方案征集、知识产权、科技金融、财会法务等各个环节提供全方面的支持。

（2）围绕全市高新区、开发区、孵化器和众创空间等各类创新园区和综合载体，建设了12个技术产权交易市场分中心，建立完善的认定和考核机制，上下联动，为中国创新挑战赛提供组织保障。

（3）在全市通过严格的资格审核和专家评审，认定了97家专业技术转移机构，培养了2000多人的技术经纪人队伍，并组织了10多场涉及技术需求挖掘、技术合同促进、技术转移政策等内容的专题培训会，提高全市技术转移机构和技术经纪人服务中国创新挑战赛的能力和水平。

（三）服务机构，积极参与

中国创新挑战赛的工作重点在于需求的征集分析与推送对接。这些工作体量大、专业性强，不但需要行业专家参与，更需要调动专业服务机构的积极性，多方合力共谋，大量汇集科技服务机构参与到相关工作中。

赛事前期，赛委会组织大批专业人员，联合广州博士信息技术研究院有限公司（简称博士科技）等全市技术转移机构和技术经纪人，联合12个技术市场地方分中心、科技镇长团，分成8个小组，先后奔赴全市各县（市、区）、各园区、各乡镇，高频率、高强度、零距离实地走访全市近200家企业，一对一、面对面向全市企业开展技术创新需求征集工作，对需求进行深度挖掘。

完成企业技术需求的征集工作之后，扬州赛委会于9月份组织开展了企业技术需求专家分析论证会，邀请了先进制造、新材料、电子信息等领域专家组成专家团，对企业技术需求进行分析论证，确保需求的真实性、有效性，提出解决需求的综合建议，并就下一步解决问题的方法路径提出建议，助力企业后期开展具体产学研对接活动，解决企业技术创新难题。需求依托科技部火炬高技术产业开发中心官网、中国创新挑战赛官网、《科技日报》、《中国高新技术产业导报》、《扬州日报》、扬州技术产权交易市场微信公众号等媒体，以及国家科技成果网、国家技术转移东部中心、中科院老专家技术中心、上海张江高校协同创新研究院和扬州市第十一批科技镇长团等单位，面向全国公开发布，征集解决方案。

企业需求挖掘

第四章
赛事典型案例

中国创新挑战赛广泛发布需求和难题，面向全社会公开悬赏解决方案，很大程度上解决了企业研发难、门路窄的问题，在攻克行业技术难题、降低企业研发成本、提高企业技术创新能力方面起着重要撬动作用。挑战赛集中了全社会力量解决产业技术需求，各地方赛事精准把握住了本地产业面临的痛点和市场刚需，提升研发效率，有利于主导产业创新发展，助力区域经济发展。中国创新挑战赛积极打造国家级技术供需对接平台，致力成为科技成果转移转化的加速器。凭借政府的号召力和公信力，汇集科技成果供需资源和保障服务资源，打消技术供需双方的信任顾虑和沟通障碍，疏通了科技成果转化。

助力传统劳动密集型企业自动化转型（扬州）

江苏三笑集团有限公司（简称三笑集团）是专业从事日化产品制造的民营企业，是全球最大的牙刷生产基地之一。三笑集团表示目前投料和装箱是消耗人工最大的工序，人工操作费时费力、不确定因素高、质量无法进行保障，希望能够通过自动化技术将投料和包装的工人人数降下来，实现“机器换人”。因此，在第四届中国创新挑战赛提出了“投料、装箱工序自动化”的技术需求。

企业走访挖掘技术需求

作为传统劳动密集型企业，三笑集团希望以机器人替代人工，使用机器人可以提升工作效率，特别是在一些重复性的工作上，机器人可以24小时不停机工作；同时使用机器人可以提高生产品质，因为机器人被编程设定了精确、重复的动作，不会受到环境和情绪影响而犯错误，可靠性高。

企业需求一经发布，就得到广泛的关注、响应和扩散，来自全国各地的多家科研团队都抛来了橄榄枝。最终收到来自哈尔滨工业大学、清华大学、南京航空航天大学等团队的12个解决方案。挑战方案团队到企业对接20多次，其中哈尔滨工业大学张广才团队与企业进行了多次交流后最终拿出了创新性强、可行性好、匹配度高的解决方案，获得专家评委和企业一致认可，最终获得了该项企业技术需求的优胜奖。

项目合作开发成功后，该企业生产效率将大大提升，产品质量也会进一步得到保障。哈尔滨工业大学张广才团队通过挑战赛悬赏众包方式，快速接触到了企业的真实需求，精准把握住了企业面临的痛点和市场刚需，提升了研发效率。创新挑战赛集中了全社会力量解决产业共性关键技术需求，有利于主导产业创新发展，助力区域经济发展。

装备核心部件突破制造工艺技术（扬州）

江苏亚威机床股份有限公司（以下简称亚威股份）是中国锻压设备行业前三强企业，针对激光焊接工艺技术，在本次挑战赛期间提交了“激光焊接技术及工艺研究”的技术需求。

激光焊接关键技术研究包括异种牌号不锈钢激光焊接性能提升、环形结构激光焊接性能提升和激光焊接智能化技术开发。环形结构激光焊接性能提升的技术目标是减少凝固热裂纹的发生，它的考核指标是重叠焊缝中心部位晶粒尺寸缩小30%；异种牌号不锈钢激光焊接性能提升的技术目标是增强焊缝综合性能，它的考核指标是焊缝伸长率达到55%～60%；激光焊接智能化开发技术目标是提出一种焊缝成形及质量智能控制技术，它的考核指标是焊接缺陷实时检测准确率达到90%以上。激光焊接关键技术研究有着重要意义。

作为装备制造型企业，亚威股份希望以核心部件所涉及的制造工艺技术带动行业发展，借助专业科研团队为企业解决技术瓶颈，从而实现核心技术的自主可控，打破国外对技术与市场的垄断。

企业需求一经发布，就得到广泛的关注、响应和扩散，收到来自湖南大学、浙江工业大学、吉林大学等团队的9个解决方案。专家团队带着挑战方案到企业对接20多次，经过现场激烈比拼，最终浙江工业大学激光研究院李波团队获得了该项企业技术需求的优胜奖。目前，优胜团队正在与企业细化合作方案，即将正式签约。

该项目合作开发成功后，将有力地推动激光焊接智能化技术的进步。该企业在焊缝跟踪、信息传感、智能控制等方面将得到发展与突破。

线性高分子材料制品回收再利用及降解研究（湖北）

湖北航天长征装备有限公司（以下简称航天长征公司）是一家拥有近50年历史的国有独资公司，主要产品是包装箱。该产品由于生产中的原料主要是石油基高分子材料，自然降解周期长达200年，对环境不友好。

第四届中国创新挑战赛（湖北）启动后，承办单位湖北技术交易所通过科惠行动征集需求的过程中了解到航天长征公司的技术需求，“科小惠”深入企业走访，摸清企业真实技术需求为使现有线性高分子滚塑包装箱及相关产品达到使用寿命，进行回收后重新利用，制备成高附加值产品，同时研究线性高分子滚塑材料降解技术，使降解周期由200年缩短至50年。

2019年6月，航天长征公司技术需求经过科惠网发布后，先后有多家高校科研院所、企业联系挑战赛（湖北）承办单位湖北技术交易所，提交解决方案，表达合作意愿。需求方代表就解决方案进行初步沟通后认为，武汉理工大学龚德朋团队、长春华成新型绝缘材料有限公司边俊甲团队、中国科学院长春应用化学研究所韩常玉团队初步能满足企业技术要求。之后，航天长征公司代表决定采用现场赛的方式筛选优胜者。

2019年12月，在“挑战赛现场赛暨科惠行动鄂州专场”上，武汉理工大学龚德朋团队提出采用改性再生和复合再生相结合的技术来实现热塑性滚塑包装材料的回收与再利用；长春华成新型绝缘材料有限公司边俊甲团队提出通过回收包装箱、利用粉末改性造粒技术进行研究，然后根据材料性能设计新模具及加工产品；中国科学院长春应用化学研究所韩常玉团队提出的方案是：完成公司现有包装箱达到使用寿命后的回收，高分子材料部分的粉末化和固相力化学分解技术；通过反应性的化学改性和多组分物理共混改性相结合的技术手段，重新制备成具备高附加值的滚塑制品；完成高分子滚塑材料降解技术研究，降解周期由200年缩短至50年。

三个团队的方案经过比拼后，中国科学院长春应用化学研究所韩常玉团队胜出。航天长征公司负责人与韩常玉副研究员签订意向合作协议，拟在企业立项投资300万元完成线性高分子材料制品回收再利用及降解技术研发。

现场赛后，湖北技术交易所“科小惠”团队对该项目进行了持续跟踪服务，辅导技术供需双方就技术评估、合同签订、项目立项与实施、财务结算等具体合作细节深入沟通洽谈，促成双方达成实际合作。2020年7月，中国科学院长春应用化学研究所与湖北航天长征装备有限公司在孝感就“线性高分子材料制品回收再利用及降解”签署合作开发协议，整体项目实施期为三年，合同总金额300万元，目前项目已经启动实施。

专业机构全程参与，助力企业发现核心难题（广东）

中山市新宏业自动化工业有限公司是一家应用光机电一体化技术研发和生产自动化装备的企业，主要生产软包装类及其他行业的专用设备。在需求征集的过程中，博士科技组织技术经纪人在企业现场通过“创新体检”以及“企业技术需求挖掘十步法”等方法了解到，传统制袋机无法显示机器各段张力的大小、压力大小、均匀性无法显示并无法智能调节，严重依赖操作工人的技能和操作经验，同时还存在热封压力大小及均匀性缺乏显示和缺乏智能调节的功能，挖掘出企业在“制袋机各段张力显示和智能调节”的技术需求。

经过专家论证，确认了该技术需求难点：各段张力靠输送压辊隔离和汽缸施压传递到薄膜上，系统步进工作难测量。热封压力现靠弹簧施压偏心系统完成动作，施压过程是变化的，瞬时达到最大值，难安装压力传感器和实现测量。同时，企业出于生产销售的需要，技术需求的指标需要达到：设备工作节拍最大达到200次/min；各段张力、各热封压力可根据需要连续显示并同时显示膜宽两边的数值，并可将一段时间的数值下载供分析研究。

在确定企业技术需求后，博士科技使用“孵化圈”平台，发动全国的人才专家资源对该技术需求进行专家团队的匹配。针对该技术需求匹配专家、成果、相关技术科研团队超过60组。通过技术经纪人逐一筛选、沟通后，来自华南理工大学、广东工业大学、广东省智能制造所、广东省科学院自动化工程研制中心的专家团队以及来自西北工业大学和新加坡国立大学的博士团队积极揭榜了企业需求。

通过组织企业需求对接会活动，揭榜团队在现场与企业进行了沟通对接，并多次组织专家团队进行企业走访，在车间针对需要改进的装备进行测量考察。在过程中，广东工业大学周延周教授团队、华南理工大学文生平教授团队以及来自西北工业大学和新加坡国立大学的方金焰博士及孙以峰博士团队在技术经纪人的引导下，与企业沟通顺畅，通过现场的测量和交流后，落实了具体装备指标，并出具了具体的解决方案，解决方案获得了企业的认可，并推荐至中国创新挑战赛现场赛比拼中。

在现场赛比拼中，经过解决方的路演展示及现场提问后，专家评审认为广东工业大学周延周教授的研究方向以及解决思路，能够更好地解决企业的需求，同时基于初期的对接交流和企业对挑战团队的认可，最终判定广东工业大学周延周教授团队为优胜奖，并在比赛现场签订意向合作协议。

促进企业设备智能化、网络化升级（浙江）

挑战赛作为企业需求为引导的成果转化典型赛事平台，帮助大量生产、制造业企业完成数字化、自动化、智能化升级改造。

通过走访挖掘，浙江日发纺机技术有限公司向挑战赛赛委会提出了“智能化高速无缝成型内衣机关键技术”这一技术需求。在中国创新挑战赛（浙江）高端装备制造行业现场赛，新昌浙江理工大学技术创新研究院院长胡旭东团队以94.42的高分获得本届挑战赛的最高分，与浙江日发纺机技术有限公司签订意向合作协议，金额为112万元。新昌浙江理工大学技术创新研究院有限公司成立于2015年，是新昌科技体制改革的成果，也是校地合作、校企合作的硕果。研究院重点围绕新昌产业发展（企业）中的关键技术难题，开展具有前瞻性的技术研发，帮助克服企业发展的技术瓶颈，提升企业自主创新能力，为企业发展提供技术储备。

需求企业的技术负责人邵开元表示：“这场比赛的效果实在出乎意料！最初提出需求时，本想着是升级纺织机提高企业生产效率，没想到胡旭东团队提出的方案竟把纺织机智能化升级也一并考虑在内，这为企业后期建设无人工厂打下了坚实的基础。”

优胜挑战团队更是自信满满，“团队已在纺织机械领域深耕多年，并在纺织机械高速化方面达到国际一流水平。与国外高速纺织机械设备相比，团队给出的方案在纺织机械设备的智能化、网络化上的应用也更为成熟。”

新昌县科技局局长梁小平也由衷地说：“这次现场赛让更多的创业者和科技人员了解了新昌浓厚的科技创新氛围，也对新昌本地企业在技术创新中“如何出好题”起到了良好的启发作用。”

经过初步对接后，双方在2020年正式签订合作协议。项目实施后，需求方通过设备联网，实现对生产车间的订单、生产进度等实时查询、统计及管理功能；能通过电脑、手机等终端进行运行状态、故障报警的监控；实现对无缝内衣机车间各机台的远程操作及维护。

技术经理人协助打造科技企业发展路径（辽宁）

沈阳吕尚科技有限公司（以下简称吕尚科技）是一家高新

技术企业，致力于智能机器人研发、设计、生产、销售和服务，同时从事计算机软硬件开发、计算机系统集成、弱电智能化工程、数据容灾备份、计算机软件开发及App定制开发等多种IT服务。

企业急需与机器人领域的高校和院所对接，提升自身产品技术水平，报名参加挑战赛成为企业的不二选择。通过需求挖掘，企业提出了“机械臂的逆运动学求解算法”需求。赛委会经过大量的工作为企业匹配到了中科院沈阳自动化所团队和东北大学某学科带头人成立的沈阳东能科技有限公司（简称东能科技），初步获得了企业的认可。

在第四届中国创新挑战赛（辽宁）现场赛上，经过专家评分、现场答疑等环节。吕尚科技成功与中科院沈阳自动化所团队对接，该解决方案获得了赛事的“最强解决方案”。

现场赛后，吕尚科技与自动化所团队以及沈阳东能科技建立联系，开展联合攻关和技术对接，提升产品竞争力。

借由挑战赛的契机，万润辽宁科技大市场管理有限公司与吕尚科技签订了深度合作协议，将持续为企业提供科技服务，使该企业从观念上和技术管理上都获得了极大的提升，也直接带动销售额稳步增长，从2018年的亏损，到2019年的盈利，到目前合同销售额已经突破2000万。

万润辽宁科技大市场管理有限公司技术经理人与企业结识于挑战赛，发展于合作中，这也是开展挑战赛工作，企业技术挖掘的魅力所在。而像吕尚科技这样的典型企业，通过挑战赛帮助了企业技术升级，也间接促进了区域经济发展。

江外无事、宁静于此、科技创新、勇立潮头（南京）

“江外无事，宁静于此”，江宁以此而得名。江宁区已有约1700年的历史，浩荡长江、百里秦淮穿境而过。有着深厚文化底蕴的江宁人不断进取、勇于创新，对标找差、创新实干。江宁区先后获得首批国家全域旅游示范区、国家知识产权强县工程示范区、中国产学研合作示范基地，多次获得科技进步先进区等称号，位列中国社科院“全国百强区榜单”第四位。

中材科技股份有限公司（以下简称中材科技）是中国特种纤维复合材料行业最大的集研发设计、产品制造与销售、成套技术与装备于一体的高新技术企业，是中国特种纤维复合材料的技术装备研发中心，也是中国国防工业最大的特种纤维复合材料配套研制基地，引领着中国特种纤维复合材料的技术发展方向。中材科技就现阶段公司生产过程中遇到的问题，在本次创新挑战赛提出了“高性能除尘膜性能优化研究”的技术需求。这项需求一共分成两点：除尘用膜的性能提升和高孔隙率薄膜的开发。

高性能除尘膜性能优化研究有着重要意义。在除尘行业中，以使用性能缺陷为导向，进行定向优化薄膜性能，增加滤料的过滤精度、降低阻力、提高滤料的使用寿命，为日益严苛的环保要求提供有效的排放保障。需求方代表提出：“在空气净化行业中，目前国外已经实行了垄断，国内只能以高昂的价格从国外进口该产品，我们在关键问题上的突破，对产品的国产化研制、打破国外垄断，对整个行业的发展有巨大的推动作用。”

作为高新技术企业，中材科技希望高性能除尘膜性能优化研究能够达到理想标准。企业需求一经发布，就得到广泛的关注、响应和扩散，来自全球各地的多家科研团队都抛来了橄榄枝。共收到来自土耳其团队、南京工业大学、浙江理工大学、海南大学等团队的5个解决方案，赛事组委会带领挑战方案团队到企业对接10多次。其中浙江理工大学的朱海霖、郭玉海挑战团队与企业进行了多次对接，与企业多次交流后形成匹配度高的解决方案，最终在现场赛上获得了该项企业技术需求的优胜奖。

据了解，该合作项目合作开发成功后，对于该企业高性能除尘膜性能优化研究关键问题上的突破，对产品的国产化研制，将打破国外垄断，对整个行业的发展有巨大的推动作用。

以挑战赛为契机，帮助企业解决难题（日照）

第四届中国创新挑战赛（日照）赛区启动初期，日照市科技局支持鼓励专业的技术服务转移机构进入企业进行需求挖掘。上海114产学研协同创新服务平台（简称114产学研平台）与山东钢铁集团日照有限公司取得联系，并实施了走访宣传。

经过多轮沟通，企业最终提出了5个技术需求，其中“基于全工艺流程的工业大数据的优化提升及分析应用”技术需求较急迫。需求企业亟需建立钢铁企业工艺质量大数据平台，实现工艺过程综合监控及预警，异常追溯分析与诊断，避免人为因素的干扰，实现产品质量与工艺的稳定控制，从而提高产品质量的稳定性。为了实现上述技术目标，需要采用新一代人工智能和数据分析等技术，实现多源异构数据的集成和分析，而此技术是企业目前比较欠缺的。

在第四届中国创新挑战赛（日照）赛事组织工作中，承办方利用多种渠道开展技术需求与科技成果对接。经进一步与企业沟通后，对需求进行完善，第一时间帮助企业在各官方平台上进行发布。线下联合高校院所举办百企访名校武汉站、中科院-山东科技成果转化对接会等，组织开展武汉理工大学专家日照行、山东科技大学专家日照行等技术对接活动。

就在华南理工大学线上产学研沙龙活动上，华南理工大学专家团队表现出对山东钢铁集团需求的兴趣，承办方随即组织双方交流沟通，专家提出了针对性的解决方案。后续通过线上线下对接活动的组织，又有东南大学机械工程团队、上海交通大学团队、与企业方进行了交流沟通。

最终，来自华南理工大学和东南大学的两家技术团队分别针对“工业大数据优化提升及分析应用”提供了解决方案，并入围到现场赛路演环节。经过比拼，华南理工大学团队最终胜出。

企业技术负责人曹科长向赛事组委会描述，“没有想到在短时间内会有这么多方案提出。”山东钢铁集团日照有限公司从自身产业发展角度出发，积极联系专家团队，并指派企业内专门技术人员负责对接创新挑战赛，以创新挑战赛为契机，结合自身产业优势，解决技术难题，实现项目对接。

农业龙头企业改进食品规模化加工工艺（湖北）

武汉大汉口食品有限公司（以下简称大汉口食品公司）是一家集研发、生产、销售面食为一体的高新技术企业，是湖北省农业龙头企业，该公司着力于武汉特色食品大汉口热干面一体化解决方案和智能化售卖系统的研发。

第四届中国创新挑战赛（湖北）启动以后，大汉口食品公司主动联系到承办单位湖北技术交易所，愿意悬赏征集鲜面原材料技术改良、智能售面机迭代优化、销售渠道模式优化和融资方面的解决方案，同时以参加挑战赛现场赛的方式对公司和产品进行推广。

湖北技术交易所“科小惠”多次到大汉口食品公司实地走访和考察，摸清企业需求后，结合科惠网专家库、金融机构、科技服务机构等优势资源和“科惠网企业高校院所行”活动，就大汉口食品公司的需求广泛征集解决方案，并筛选了湖北工业大学汪超教授团队、华中农业大学李斌教授团队、武汉理工大学杨爱民老师团队、湖北省农业科学院何建军研究员团队作为代表参赛。

现场赛上，四个科研团队针对该需求进行比拼，湖北工业大学汪超教授团队针对熟食面储藏的问题，提出了三个解决方向——一是通过添加微量天然高分子物质改变热干面质构特性；二是通过添加微量微生物次级代谢产物改变热干面质构特性和抑菌功能属性；三是通过物理技术手段和包装技术改变热干面质构特性和抑菌功能属性。同时，针对智能售面机控湿的技术问题，该团队提出了植入微型加湿除湿恒湿器和配备智能控湿程序的解决方案。

华中农业大学李斌教授团队则通过不断地实验，针对熟食面常温保存运输的问题提出了解决方案。武汉理工大学杨爱民老师团队针对该企业的需求提出进行产品升级、服务升级、场景升级、对象升级和设备升级的解决方案。湖北省农业科学院何建军研究员团队提出常温储藏下鲜湿熟面中微生物种类及生长繁殖规律研究，研究水分活度、抑菌剂种类及添加量对微生物生长繁殖影响；明确原料粉质特性、流变特性、糊化特性等与熟面常温储藏中老化回生速率相关性，优化原料配方，在此基础上进行技术工艺优化创新、标准制定及示范生产的解决方案。

经过比拼，华中农业大学食品学院李斌教授团队的解决方案胜出，大汉口食品公司相关负责人对武汉理工大学杨爱民老师团队产品和场景升级的解决方案也表达了继续优化合作的意愿。同时，现场有多家金融机构也表达了投资兴趣。

非透明瓶洁净度机器视觉识别（宜宾）

随着人工智能技术的发展，机器视觉在自动化生产领域的应用逐渐广泛。四川宜宾岷江机械有限责任公司的一类重要产品是白酒自动化罐装生产线的设计、生产。原有的人工方式不仅效率低，而且误识别率也很高，费时费力，极大地制约了白酒生产线的产能，希望将白酒生产线上的非透明类的酒瓶的清洁程度判断交给机器视觉来完成。因此提出“非透明瓶洁净度机器视觉识别”需求，希望借助机器视觉和AI技术提高有瑕疵和洁净度不达标的非透明酒瓶的识别率，从而提升白酒自动化生产线的产能。

该需求属于当前人工智能领域的机器视觉范畴，是技术热点，目前高校从事类似领域研究的团队较多，因而对该技术需求做出响应的团队很多。但是该技术需求的解决涉及机器视觉算法，图像采集、拼接和处理技术，电气系统设计、自动化机械结构设计等各个方面，解决方案构成比较复杂，涉及的技术要点较多，因此从众多的思路中筛选出高质量的解决方案难度较大，给解决方案的评审带来了挑战。

对此，宜宾市科技局对这个技术需求做了特殊处理，采用多轮评审，通过各种手段来解决难点问题。比如，对此领域专题专访相关领域院校和企业专家；同时还带领优秀的解决方案团队人员和需求提出方面对面座谈，面对面详细沟通技术要求和描述应用场景，澄清技术需求细节和解释解决方案的要点，促进双方良性互动。

经过多方努力，最终在现场挑战赛阶段取得良好效果，现场辩论激烈精彩，最终结果企业十分满意，目前双方在积极的合作洽谈中。

帮助企业解决共性技术问题，促进科技成果转化落地（邯郸）

目前我国药用管制瓶和安瓿瓶的生产已基本实现机械化，但质量检测还主要靠人工用卡板和目测，造成大量的漏检，同时也加大了工人的劳动强度。随着我国医药企业的发展，特别是成像技术在灯检上的运用，对药用管制瓶和安瓿瓶提出了更高的要求。凯盛君恒有限公司是中国第一家可实现高端5.0中性硼硅药用玻璃管批量化生产的企业，可生产后加工管制瓶，自动化、高精度的检测系统研发非常必要。为此，企业提出技术需求“药用管制瓶、安瓿瓶成像检测设备的研发”。该技术难点主要在于：①如何与制瓶机连接，且对玻璃瓶不产生擦伤；②如何提高精度对管瓶、安瓿瓶、口服液瓶进行全检，如何提高分辨率实现对所有的外观缺陷进行全检，并能实现同步分选，保证不漏检。

邯郸赛事利用京津冀科技资源优势，充分开拓发布渠道。利用北京市科学技术研究院、科技部人才中心、京津冀科研院所联盟等渠道面向100多家科研院所、高等院校发布了技术需求。后期还相应组织了中科院北京分院-邯郸企业技术需求对接会、科技领军人才邯郸行技术需求对接会和京津冀科研院所联盟企业精准对接会等活动。

河北省科学院的“机器视觉与智能检测系统”创新团队主要从事工业机器视觉检测方面的研究工作，致力于将先进的机器视觉技术应用于生产制造业，近年来取得了丰硕的成果。针对凯盛君恒有限公司提出的技术需求，该团队提出了独具特色的解决方案。其主要技术特点和创新点有：①提出全方位的深度卷积神经网络多尺度学习模型，实了医药产品缺陷的准确检测识别及缺陷大数据的实时分析，提升了产品合格率；②设计一套医药产品外径亚像素级快速测量方法，使药用玻璃瓶瓶口、瓶身、全高、泡外径、丝外径和颈外径同时达到亚像素级的测量精度，测量精度达到0.02mm；③发明六通道六工位正压吸附旋转装置，实现药用玻璃瓶在生产工位、检测工位和包装工位之间的高速稳定传输，既解决了吸嘴堵塞问题，又达到节能效果；④对光路结构进行设计，将水平实物拍摄变为垂直虚像拍摄方式，获取了高品质图像，攻克了设备安装空间有限和生产线高温辐射造成相机损坏的难题。

在创新挑战赛结束后，根据解决方案，凯盛君恒有限公司与河北省科学院激光所签订了相关芯片采购合同，并开始逐步改造生产线，预计研制成功后，能大幅提高高端5.0中硼硅玻璃管制瓶、安瓿瓶、口服液瓶的质量，降低工人的劳动强度。

双方一拍即合，多项研发合作达成意向（辽宁）

盘锦市辽宁女娲防水建材科技集团有限公司（以下简称女娲防水公司）为全国知名的防水建材类企业。盘锦创研中心通过与企业长期的联系，收集到企业部分需求，经过赛委会与企业沟通挖掘，整理出“环保型外露防水涂料生产技术”这项需求参加此次挑战赛现场赛。需求发布后沈阳建筑大学材料科学与工程学院谷亚新教授的研究团队积极应征，提出了自己的技术解决方案，并与企业建立了联系。

在第四届中国创新挑战赛（辽宁）的现场赛上，沈阳建筑大学谷亚新教授的研究团队经过专家评分、现场答疑，获得该项目优胜奖并与女娲防水公司与成功对接。女娲防水公司总经理孙广勤与沈阳建筑大学谷亚新教授现场签订校企合作协议，双方达成深度合作意向。

通过挑战赛，企业还提出了目前急需解决的其他技术问题，希望与学院开展合作，实现企业技术和产品的新突破。沈阳建筑大学与女娲防水公司决定联合建设产学研合作基地，并成立中试基地。谷亚新教授团队还就企业现有防水涂料外露施工中存在的气味大、不环保、低温成膜性能不理想、拉伸性能不佳等问题与企业开展联合攻关，通过技术促进企业经济发展和产业转型升级。

通过挑战赛平台不仅帮助当地企业发展，还促成了校、企深度合作，促进了高校技术和成果落地。

通过科技悬赏活动推进校企合作（西安）

2019年11月，西安萨默尔机器人科技有限公司与西安文理学院在沣东新城协同创新港正式签约建立校企战略合作并签订了合同额为300万元的“下肢外骨骼机器人系列研发项目”合同。

西安萨默尔机器人科技有限公司位于西咸新区沣东新城国

家级园区“中俄丝路创新园”，是一家专业从事服务机器人设计、研发、生产、销售与服务于一体的现代化科技型企业。公司一直致力于开发“智能型医疗康复机器人”，寻求研究康复智能设备以及智能控制有关方面的技术精英和团队。

第四届中国创新挑战赛（西安）赛委会通过走访调研西安萨默尔机器人科技有限公司，与公司的研发设计部门讨论沟通，最终确定“下肢外骨骼机器人（2.0版）技术研发”技术需求，参加西咸专场赛。

通过挑战赛平台，利用“科研悬赏”和“研发众包”的方式，共征集到西北工业大学机电学院、西安文理学院机械与工程材料学院、长安大学工程机械学院、西安理工大学机械与精密仪器工程学院、西安渊泽工业系统工程有限公司5家解决方案。在第四届中国创新挑战赛（西安）西咸新区专场赛的现场赛和对接会上进行了路演比拼和对接。

赛后，赛委会组织专家团队、企业相关技术部门人员与解决方进行沟通、现场考察，最终企业决定与西安文理学院建立校企合作关系，签订系列技术开发合同。

通过挑战赛平台，该企业不但寻找到了最佳解决方案，而且整合了内外部前瞻性技术研发资源，打破了研发人员的界限，拓展研究思维，建立了协同创新机制。

西安萨默尔机器人科技有限公司表示：将充分发挥企业的示范引领作用，围绕机器人产业链，进一步推动开放式创新，实现由传统制造业向创新型企业转型，为推动西安经济发展做出自己的贡献。

中国轨道交通实现无人智能化探伤（上海）

“钢轨的健康情况直接关系到列车运行安全”，随着轨道交通的发展，传统的人工探伤已经很难满足现代化轨道交通的监测及探伤需求，我国目前均采用从国外购置的轨道监测车和轨道探伤车，测量和计量技术完全受制于国外厂商，主要在北美、欧洲、日本等国。

为突破这一难题，上海申通地铁集团有限公司（以下简称上海申通）寻求“轨道监测车与轨道探伤车的校准”需求的解决方案。

针对上海申通的需求，挑战赛承办方进行了技术搜索，分解需求中的技术要点，并借助挑战赛平台进行发布。获得了来自华东理工大学、上海电子信息职业技术学院、中国中车研究院等科研院所和企业研发机构的初步解决方案；之后，协助需求方及方案提供方进行多次沟通，进一步完善、整合供需方案，形成方案组合包。

后期，承办方还通过组织实地专题技术研讨会，推进上海申通与上海航天控制技术研究院、上海睿中实业股份有限公司等进行对接，目前个别技术已进入验证方案设计阶段。

上海睿中实业股份有限公司作为挑战方，提出了利用“超声波钢轨探伤车”的解决方案。超声波钢轨探伤车利用超声波法进行钢轨伤损探测，能够探测钢轨的轨头和轨腰范围内（包括接头附近）的疲劳缺陷和焊接缺陷，有的还能检测擦伤、轨头压溃和波浪形磨耗，以及轨底锈蚀和月牙掉块。这种车辆装有自动记录设备，能把钢轨伤损信号、里程信号和线路特征信号（桥梁、隧道、接头、轨枕类别等）等记录在同一纸带或胶片上。根据记录可分析确定伤损的大小和在钢轨内的位置，也可确定伤损所在的线路里程。此外，根据连续两次的记录还可确定钢轨伤损的发展速度和发展规律。超声波钢轨探伤车常用的检测行车速度为30～50公里每小时，检测核伤的最佳灵敏度约50平方毫米，检测轨腰裂纹的最佳灵敏度相当于直径为3毫米的钻孔。

该项目还将在多方的共同努力下向落地层面推进。截至2019年上半年，我国轨道交通运营城市已达35座，包含地铁、轻轨、磁悬浮等系统在内，运营总里程激增至5463.2公里，是

2009年952.8公里的近6倍。因此，这个项目的实施，不仅带动上海申通在中国轨道交通无人智能化探伤和检测领域校验标准的发展，引领全球轨道交通领域校验计量技术的前沿，也将大大推动我国轨道交通产业的跨越式发展。

专家协助突破产业瓶颈（绵阳）

绵阳同成智能装备股份有限公司（以下简称同成智能）成立于2011年，是绵阳高新区一家从事机械设备设计、制造、销售及安装，工业自动控制系统装置设计、制造与集成的技术融合企业和高新技术企业。同成智能在产品经营过程中发现造纸行业中，纸张生产的质量控制检测系统存在巨大的商机。

目前，国内纸张生产的质量控制主要依靠QCS设备来完成，而该设备检测普遍使用Kr85、Pm147等放射源。由于放射源释放β射线对人体有害，国家对放射源的整个生产、运输、保管、使用、销毁等各个环节都有管控，而且管控措施越来越严格，造成使用成本越来越高。全国造纸行业QCS保有容量为3万余套，绝大部分采用放射源传感器，其放射源每8年更换一次，更换价格约10万元。

如果有性能可靠，价格可接受的清洁检测技术，无需更换放射源，新生产线和现有产品升级更换潜力巨大，按照总量的70%来算，国内市场总规模约在百亿，随着国家“一带一路”战略的实施以及RCEP《区域全面经济伙伴关系协定》共同大市场的建立，国际市场规模为国内2倍左右。

同成智能经过与众多造纸行业企业的交流对接，提出了针对纸张生产质量控制的X射线定量传感器检测技术需求，赛事组委会专家工作组对需求进行分析后发现，实现纸张生产质量控制除X射线技术外，红外检测技术和太赫兹技术也在此方面应用的可能。

针对上述情况，赛事组委会联系了包括中国工程物理研究院（简称中物院）、重庆大学、西北工业大学等在上述技术领域有研究的单位进行对接，上述单位也进行了前期的试验和研究工作，并出具了解决方案。实践后发现，红外检测技术、X射线检测技术的使用范围非常有限，无法满足大规模推广使用的需求。而采用太赫兹技术出具方案的中物院技术团队能规避上述问题，可以实现检测功能，也可以进行大规模的推广和使用；但采用太赫兹技术的定量传感器单个成本高达50万元以上，同成智能和造纸行业企业均很难承受，这将影响这一技术在造纸行业的应用。

赛事组委会针对这种情况，整合国内在做太赫兹技术研究方面的专家，与中物院团队和同成智能一起对需求进行剖析、研讨，并调整方案，通过中物院团队的试验和实践成功实现了低成本（10万元以内）太赫兹检测系统的构建。

2020年10月，中物院团队与同成智能在太赫兹定量传感器检测技术形成技术合作，进行低成本太赫兹检测系统的研制和开发。目前，通过前期的工作太赫兹检测系统的试验样机已经完成，进入工程样机开发和产品定型开发阶段。如能实现产品的产业化，对于同成智能自身产品的技术升级以及造纸行业的发展都将起到重要的推动作用。

服务机构大显身手，促成企业技术协作（北京）

第四届中国创新挑战赛（北京）赛事启动以来，赛委会委托专业服务机构采取面向社会公开征集的方式定向征集津冀企业需求，并对衡水电机项目进行全程“贴身”服务，取得了良好效果。

衡水电机是一家年生产能力达到400万千瓦，销售收入超过4亿元的大型电机生产企业，荣获中国机械500强企业等荣誉。为了适应市场的发展，寻求稀土永磁伺服电机立项，从而有效地展开京津冀一体化战略推动，希望获得相关领域的专业科研机构的帮助和支持。

在初步了解衡水电机的需求后，赛事组委会组织专家经过与企业共同分析、研究，明确了该公司面临的瓶颈问题与实际需求，并召开了“衡水电机项目方案研讨会”，形成《衡水电机行动方案建议书》。

依据企业需求，结合北京科技创新主体丰富的优势，重点通过“北京市科技成果转化统筹协调与服务平台”对接在京高校院所；通过北京创业孵育协会、北京技术市场协会等社会组织和市场化技术转移机构、孵化器、众创空间、科技园、技术交易所等科技成果转化专业服务机构，面向各类创新创业主体征集解决方案。

赛委会组织专家，对解决方案进行初步筛选，研究制订航天鑫创自控装备发展有限公司（以下简称航天鑫创）等企业与衡水电机对接方案，分别组织双方互相实地考察、调研，成立“项目领导小组”和“工作小组”，推进项目实施；同时工作小组还积极协助该企业开展衡水科技局相关项目的申报工作。

经过多方协调努力，衡水电机与航天鑫创成功签署了合作协议。该项目分工明确，在民用方面，衡水电机主要负责永磁同步伺服电机的生产制造及市场推广，航天鑫创负责对永磁同步伺服电机设计。目前第一台模拟试制样机已完成。

永磁同步伺服电机在信息产业、机电一体化、汽车、冶金矿山设备、风机、水泵、油田设备、纺织机械以至家用电器等，都有广泛应用。本项目产品扩大市场应用领域，形成系列产品，最终形成大批量生产高效节能电动机的生产能力。如每年使用永磁体600~800吨，生产300万千瓦的智能化新型稀土永磁电机，产值6亿元，可为国家节省电力投资6亿元，节省电费2亿元。

通过永磁同步伺服电机开发项目的实施，促进我国稀土永磁等级产业的快速发展，加快衡水地区高新技术产业发展，满足我国的工业发展需求，符合现行政策及清洁生产要求。

在这次项目落地转化服务过程中，专业服务机构作用得到凸显，来自各行业的专家协同合作，为项目落地转化方案进行具体的路线设计，破解了传统专家智库重规划轻执行的弊端。

探索需求导向，产学研一体化的协同创新机制（河南）

第四届中国创新挑战赛（河南）根据河南省情和发展实际，选择以生物医药、电子信息等十大产业领域为切入点，以务实的态度、新颖的形式，着力解决创新需求与市场对接难题。

在此次赛事活动中，河南省第二建设集团有限公司（以下简称河南二建集团）提出了10个技术难题并参与了集中发布。河南二建集团作为一家集建筑、安装、装饰装修、市政、房地产开发等为一体的大型现代化高新技术企业，拥有院士工作站、博士后工作站、BIM技术中心及国家示范性装配式产业园等完备的基础设施。在第四届中国创新挑战赛（河南）现场赛上，河南二建集团提出的10项技术难题中，完成供需对接4项，新型钢板混凝土组合剪力墙的研究与应用、装配式“钢-混凝土”组合结构应用技术研究、高层钢结构住宅结构体系抗震性与经济性研究3个项目均与西安建大装配式钢结构研究院有限公司达成合作；面向建筑企业的BIM关键技术研项目与西安建筑科技大学陈登峰团队达成合作。

经过一段时间的对接，目前高层钢结构住宅结构体系抗震性与经济性研究、新型钢板混凝土组合剪力墙的研究与应用、装配式“钢-混凝土”组合结构应用技术研究均处于与西安建大装配式钢结构研究院有限公司共同研发阶段。

河南二建集团的技术需求得以解决，有效降低了企业创新成本，促进了科技成果转移转化，推动了企业转型升级和区域产业经济发展。同时，河南二建集团的技术需求与西安高校院所建立了产学研合作，有助于地方形成开放共享、良性发展的科技成果转移转化生态。

通过举办中国创新挑战赛，河南省进一步探索建立了需求导向、产学研一体化的协同创新机制，完善了科技创新服务体系，促进了河南科技成果转移转化，加速集聚了优质创新资源，对支持河南企业创新和产业转型具有重要意义，也为科技计划管理改革提供了新思路和新路径。

尝试挑战赛模式，不断追求企业创新（西安）

随着个人终端产品智能化趋势的发展，可穿戴、物联网、柔性显示、机器人等智能终端设备将成为后智能手机的爆发性增长点。基于可穿戴等下游产业形成的市场需求新特点，其关键电子元器件将向高频化、超微化、柔性化方向发展。其中，储能器件作为电子元件行业中的主导产品之一，也面临着微型化、柔性化、高容化、高频化和高压化的技术特性要求。综上，进一步通过先进智能制造技术创新，开发具备柔性化、高性能的微型储能器件是推动可穿戴等新型产业的重要基础。

西安越遴新材料研究院有限公司拟开发适用于整体成型的“高性能微型储能器件技术”，希望依托全国的顶尖技术专家团队和强大的智慧外援，寻求进一步的技术突破。自2017年起，该公司重点布局3D打印储能器件、高能硅基负极、全固态电池三大重点研究课题，通过导入国内外的研发机构和平台力量，聚焦于前沿技术强点布局，以此形成新型储能领域的“高精尖”技术开发者。

西安科技资源厚积薄发，支撑引领经济社会不断向产业高端、技术高新、运行高效的高质量发展稳步迈进。扎实的基础研究为创新提供了源源不断的动力，高水平研发促进更多研究成果向产业转化。西北工业大学、西安交通大学、西安理工大学、陕西增材制造有限责任公司等几家研发团队就是典型代表。

西北工业大学凝固重点国家实验室团队，经过与企业技术人员多轮沟通和讨论，针对企业需求每一个技术难点，逐一制订了可行的实施方案。由于技术力量储备雄厚和准备充分，西北工业大学团队通过赛事平台的路演比拼的方式，其解决方案斩获了优胜奖。挑战赛结束后，西安赛委会相关工作人员持续跟进，西安越遴新材料研究院有限公司和西北工业大学最终敲定了技术合作合同。

企业负责人表示：中国创新挑战赛以新颖、务实的形式，从企业实际技术需求出发，寻找解决方案，其目的性较强，比以往的成果转化或成果孵化效果要好得多。

该需求的成功对接，让我们意识到，挑战赛是引领新的研发浪潮，从而刺激持续创新、降低先进技术研发成本的一种有效手段。极大地推动了西安硬科技产业在相关领域的科研创新活动。

聚焦红色文化优势产业（延安）

激发全社会众创热情，解决本地企业技术创新难题，推进创新与市场对接是创新挑战赛的重要意义。第四届中国创新挑战赛（延安）聚焦延安红色文化优势产业，帮助解决红色文化产业中遇到的产品结构单一、产品内涵挖掘不足、文化产品与科技创新的融合欠缺、产品创意点缺乏等问题。

2019年，安塞黄土情文化演出有限公司正在落实“互联网+延安红色文化”工程项目，有许多实际的技术需求，正在寻找技术供给方。在延安市科技局的推荐下，报名参加第四届中国创新挑战赛，提出了“陕北农民画数字化保护及展示技术研发”技术创新需求，希望能通过这个平台，经过行业专家和大数据分析，对供给方团队进行甄别和预判，实现供需双方快捷、有效的对接赛事。

安塞农民画是在剪纸、刺绣、布玩具、炕围画等众多民间艺术形式基础上发展起来的新兴的汉族民间艺术形式，同陕北地域文化一脉相承，有着深刻的自然、历史、社会文化背景。数字技术与传统文化的融合是科学与人文融合的具体表现，已成为国际趋势。作为陕北民间文化的安塞农民画，在产业化的进程中应挖掘本体文化价值、艺术价值和探索多元形式，转变思维，最大化地实现安塞农民画的价值和生命力的延伸，保护传统文化的发展。

安塞黄土情文化演出有限公司郭岐武经理在接受媒体采访时说："我认为赛事是一个很好的平台，是科技部门的一次有益的探索和实践，是一种务实的做法，坚持以市场为导向，以解决企业需求为主导，这样的赛事才会有长久的生命力。""安塞农民画，一直以鲜明的艺术特征和写意的表达方式闻名，在我国农民画领域具有很重要的地位和作用，对于陕北地区历史文化的传承和发展也发挥着重要的作用。"

西安邮电大学数字与文化研究院负责人闫兴亚教授表示："通过科技手段增强传统文化、红色文化的体验感，让受众群体在观赏、体验中接受延安文化的熏陶，增强文化自信；此技术还将改变人们欣赏这种艺术的模式，为旅游景区带来全新的展示手法，提供立体、动态的展示效果；也增加了消费者的用户体验，丰富用户的感受；更为传统绘画艺术的保护提供一种新的方式，必然会带来延安红色旅游的新时代，将对提升安塞旅游、延安红色旅游乃至陕西旅游的科技含量具有重要的示范作用。我们希望利用高科技手段，以更互联网的思维和更为便捷的方式，为安塞农民画与全世界热爱延安历史文化的观众搭建一座知识桥梁，以数字艺术体验馆为平台，助力知识型社会的发展进程。”

针对该需求，西安昱影影视文化传播有限公司、西安大舟文化传媒有限公司、西安邮电大学数字文化产业研究院团队成功与需求方进行了对接。

科技助农，传统行业焕发生机（延安）

延安地区在现代农业领域面临着众多的技术创新需求，迫切希望得到技术帮助和科技服务。通过举办挑战赛，坚持以需求为导向开展科技创新赛事，为解决延安地区企业的技术创新需求，促进延安经济的发展起到积极的作用。

在第四届中国创新挑战赛（延安）技术需求征集时，吴起县红利技术服务有限责任公司通过吴起县科技局申报了“荞麦粗加工关键技术及设备的研发”技术需求。陕北地区已经成为荞麦的主种植区，且已经局部实现了规模化生产，生长在陕北地区的甜荞是一种天然的绿色食品，具有很高的开发利用价值。加速荞麦产品的深加工开发具有重要意义，有助于优化荞麦食品结构、带动行业发展和帮助农民增收。该技术需求为陕北地区荞麦加工行业的共性技术难题。

目前，采用原有国产的荞麦脱壳设备进行荞麦加工时，其荞麦米的整米率及荞麦壳的整壳率都非常低，通常仅为30%左右，而发达国家则可达60%～90%。而荞麦脱壳加工后，荞麦米的整米率和荞麦壳的整壳率的高低，不仅影响着荞麦的后续加工，而且影响着荞麦制品的品质和荞麦加工产业化的整体效益。这一问题现已成为制约地区荞麦加工产业化发展和提高荞麦生产效益的重要原因。

尽快研发出价格适宜的国产化荞麦脱壳加工设备，对发展陕北地区荞麦生产，推进陕北地区荞麦商业链的发展和农业结构调整，发展外向型农业有着重要的现实意义。赛委会组织相关专家走访企业，了解技术创新需求的实际情况，经过专家委员会甄别分析，将该需求定为赛事现场比拼需求。

通过专家推荐、大数据查询、实地走访等方法，征集到中国农业机械的著名研究院——中国农业机械化科学研究院粮食加工研究所以及省内农机行业著名高校——西北农林科技大学机电工程学院、陕西科技大学机电工程学院三家的解决方案。专家从研究团队、研究基础、技术研发路线、总体方案、实施计划、技术指标符合度及技术的先进性、创新性及实用性等方面进行了综合评价。最终，中国农业机械化科学研究院粮食加工研究所方案以其完整性和实用性、创新性赢得了优胜奖。

该需求通过第四届中国创新挑战赛（延安）成功对接了中国农业机械化科学研究院，使得项目研发进入了快车道，该企业已经与中国农业机械化科学研究院粮食加工研究所进行了合作研发，目前已经签订了技术开发合同。

郭家湾煤矿尝试“开放式创新”和“研发众包”模式（榆林）

榆林是国家级能源化工基地，在承担国家能源安全使命的同时，正在积极探索科技创新驱动转型升级的新路径。依靠科技进步，以煤炭智能化无人开采技术引领行业转型升级，全力推动企业实现健康可持续发展。

郭家湾煤矿隶属于府谷能源投资集团有限公司，建矿早、技术力量雄厚，井田面积大、剩余储量多。2010年以来煤矿进行矿井采煤工艺升级改造，2012年实现了综合机械化采煤，目前正在进行绿色矿井建设。企业通过第四届中国创新挑战赛（榆林）申报了“煤矿智能化无人开采技术研发”技术创新需求，需求是以打造国内智能化、无人化综采工作面为总体目标，以采煤机智能控制、液压支架自动跟机以及可视化远程监控为基础，实现在地面与顺槽综合控制中心对综采设备的智能监控与控制，达到工作面连续、安全、高效开采的目标。

通过挑战赛这一平台，利用“科研悬赏”和“研发众包”的方式，山西科达自控股份有限公司、西安建筑科技大学矿山系统工程研究所以及陕西深海融科智能科技有限公司三个解决方团队针对难题，提出了各自的解决方案。

专家分析发现，山西科达自控股份有限公司方案特点是系统成套技术成熟，实践经验丰富；西安建筑科技大学矿山系统工程研究所方案创新性较好，具有许多相关专利，姿态、速度、定位、行程多参数相结合的记忆截割调控技术可行；陕西深海融科智能科技有限公司方案特点在PLC的远程器件控制、CAN的远程器件控制以及控制状态协议解析与传输等软件技术具有明显的优势。这三个方案都具有各自的特点，专家建议，由三家组成研发团队，取长补短，共同完成该项目。通过参与挑战赛，企业最终能够得到满意的解决方团队，实现企业技术需求的精准对接，而达成合作意向，共同完成“煤矿智能化无人开采技术”的研发工作。

借助于赛事平台，引导企业技术需求聚焦，并将其提升为国家战略发展需求，同时利用“科研悬赏”和“研发众包”的方式，通过专家推荐，由参赛的解决方组成研发团队，取长补短，共同完成该项目，探索建立以解决企业技术需求为导向的“研发众包”新模式。

整合产业链创新资源，解决行业难点痛点问题（榆林）

聚焦本地区煤化工行业中的龙头企业，整合行业企业产业链创新资源，解决行业难点痛点问题。

榆林作为我国现代煤化工产业四大示范基地之一，明确了以高端能源化工为引领的转型发展路径，确定了“12363”高端化发展战略。榆林地区煤化工领域企业集中，技术需求比较旺盛。在第四届中国创新挑战赛（榆林）技术需求征集过程中，有意识地将技术需求的征集重点之一放在本地区的煤化工行业龙头企业上，整合行业企业产业链创新资源，解决行业难点痛点问题。

榆林市榆神工业区能源科技发展有限公司是由榆神工业区

管委会全资组建的国有企业，主要从事煤化工及深加工技术的引进、中试试验及推广应用等。企业正积极引进高校和科研院所先进的技术成果，以期为榆林的煤炭行业探索可行的煤炭清洁利用技术路线，实现煤炭资源就地转化，推动园区煤炭转化企业的技术进步。

目前榆林煤化工领域中，高含盐废水处理是现阶段煤化工产业发展面临的重大环保问题。高浓盐水难处理已经成为煤化工行业的一大心病，迫切需要科技创新来帮助解决。

榆林市榆神工业区能源科技发展有限公司总经理："欢迎挑战者们带着前沿技术、创新成果到榆神工业区来进行技术交流合作，帮助我们解决生产过程中的实际问题。"。

赛委会工作人员对该企业进行点对点的需求征集，专家组会同该企业技术研发中心指定"煤化工高盐浓水资源化利用技术的研发"技术需求参与挑战赛。突破高盐废水近零排放和资源有效利用这一新技术，将实现高盐废水的绿色处理和废水无机盐资源的高值转化利用，缓解企业废水排放压力，实现了水的二次利用，大大减少了外排废液废渣，显著提升了环境效益，有助于促进煤化工行业的绿色环保和长远健康发展，助力"碧水蓝天"工程，践行中国石化绿色低碳战略。

该技术需求共收到三份解决方案，分别来自陕西煤业化工技术研究院环境保护技术研发团队、西北工业大学以及陕西科技大学的技术团队。三个方案采取各自不同的技术路线，在现场比拼过程中，专家给出的分数也比较接近。最后，西北工业大学团队以其解决方案的创新性优势，在现场观众的一片喝彩声中，如愿获得了优胜奖。

围绕特色产业，助推区域经济发展（宜宾）

第四届中国创新挑战赛（宜宾）围绕区域内主导产业开展需求挖掘，在凝练和解决当地产业发展共性难题和产业关键技术创新需求的同时，提升当地特色产业品牌影响力。

油樟是中国特有的重要的经济作物，油樟树的叶、枝、根、花和果等部位均富含芳香精油，是香料、食品、医药、日化产品的重要原料来源。油樟主要产于四川宜宾市，是宜宾市的特色原生优势林产品。全国最大的油樟林基地和天然油樟植物园也坐落于宜宾。因此宜宾也获得了“油樟王国”“世界樟海”的美誉。据统计，宜宾现有油樟林40余万亩，占全球油樟林面积的50%；宜宾油樟油年产量1.4万吨，占全国的70%以上，综合产值达23亿元。在国际市场上，宜宾油樟树提取的油樟油被称为“中国桉叶油”，畅销日本、新加坡、法国、美国等50多个国家和地区。但宜宾当前提取油樟油大多以农村家庭式小作坊为主，绝大部分仅限于粗加工提取，加工设备落后，出油率低，环境污染严重，提取出来的粗油往往达不到国内外质量标准以及国际市场的要求，利润微薄，这严重影响当地老百姓对油樟树的种植热情。

因此，提高油樟油精细化提取技术水平，降低油樟油提取所带来的环境污染，以及推进油樟油提取技术的规模化、产业化正是带动油樟行业高速发展的关键所在，也必将带动宜宾市乃至四川省高效化工技术、现代农业、有机食品、天然药物等领域的技术进步和革新，形成产业升级，带动农林产品深加工的技术进步，实现高附加值农林产品及其综合加工的规模化、产业化，有利于调动农民种植油樟的积极性和提高农民收入，带动四川省农业区域性经济的发展，具有非常好的社会效应和经济效应。

随着挑战赛深入挖掘和专家分析评审，结合需求发布企业综合实力与宜宾市发展战略布局，最终挖掘出的四川宸煜林业开发有限责任公司的“油樟油智能连续节能高产集中提取技术”需求最具行业代表性。

作为第四届中国创新挑战赛（宜宾）的服务机构，四川省技术转移中心利用人工智能、大数据等手段，获取相关行业领域的研究动态，初步定位研究团队，为企业技术需求的精准对接与解决方案的征集提供有力保障。

通过挑战团队与企业精准对接、竞争性对接、现场挑战赛等环节的比拼，最终在宜宾市生产力促进中心、国家技术转移西南中心川南分中心的撮合下，与重庆晨沃力化工技术有限公司合作成功。

能源转型，实现治污染保蓝天使命（任丘）

在当下提倡“绿色环保”的关键时期，能源需求总量持续刚性增长与生态环境约束的矛盾愈加突出。我国空气污染物主要来自煤炭消费，尤其是北方冬春两季城乡居民采暖大量燃烧煤炭。生物质能源承担着治污染保蓝天的责任与使命。因此，加快生物质采暖设备相关技术提升，解决相关技术难题，不仅可以缓解能源环境压力，还能推广自然健康的“绿色生活”，对优化我国能源结构，减轻环境污染有着积极意义。

在此背景下，任丘市创新采暖设备有限公司在第四届中国创新挑战赛（任丘）提出技术难题“生物质采暖设备技术提升”。生物质颗粒锅炉是其根据国家节能减排紧迫形势而推出的高效环保节能型常压热水设备，在生产使用过程中出现了一些问题，例如：由于生物质燃料水分大、杂质多、品质差等一系列问题导致成型的劣质颗粒结焦及热效率略低的现象。因此生物质取暖设备采暖技术需要进一步完善，使得燃料燃烧后产物更加环保，燃料广泛性更好，同时燃料的获取更加便捷。

解决该共性问题无疑会产生较大的环境效益和经济效益。技术难点需求主要集中在如下两点。

① 氮氧化物排放较高，劣质颗粒结焦问题。在烟气温度较高的高温、低温过热器部位产生的结焦，因吸附大量的生物质灰形成一定厚度的粘连层，而使积灰结焦层增厚；

② 燃料本身固有的成分相对较差导致结焦改善困难，燃烧过程中燃料分解后挥发分等在高温条件下反应生成氮氧化物。

降低氮氧化物排放和改善结焦问题已成为长远发展的目标。

通过需求问题分析和挑战方案筛选，该需求精准匹配了来自南开大学、中国农业大学工学院、河南科技大学、天津美术学院/黑龙江科技大学四家挑战团队。挑战团队分别就以上需求难题从燃料成分、折算方法、排放标准、燃烧原理等多方面因素进行了分析讨论，提出了最优解决方案，在燃烧过程实现突破，降低温度，进行半气化燃烧技术开发。

中药材中金属元素含量新型监测技术研发（甘肃）

甘肃是全国重要的中药材主产区和药材生产地之一，中药材的重金属含量超标问题（汞、镉、铅、铬以及类金属砷等生物毒性显著的重金属，易损害人体健康），已经严重制约了中药材进入国际市场。

兰州一方水土电子科技有限公司致力于电子、机械方向相关仪器开发与销售工作，拥有完善的销售研发团队，并且具有技术转化产品经验，通过对西北最重要的药材集散地之一的陇西生产基地实地调研，确定开展中药材中金属元素含量快速检测的技术研究和相关仪器开发，提供快速便捷的产品解决方案。随着农产品溯源系统的全面发展，中药材从生长到销售的过程监控显得尤为重要。传统检测程序需要专业人员切片取样，在实验室进行分析，时间周期长，过程复杂，费用很高，为克服这一困难，需要研制一种能够不限环境、快速检测、快速分析，体积更小、价格具有竞争力的产品。于是，该公司在第四届中国创新挑战赛（甘肃）上提出了这一技术需求。

通过挑战赛，需求方收到了来自上海大学、中国科学院化学物理研究所和西北师范大学，共3支团队的解决方案。最终在现场赛上经专家组、企业共同评选，西北师范大学苏茂根教授团队的解决方案在先进性、适用性等方面更具有竞争力，得到现场专家和该公司的共同认可，并签约成功。

签约后，项目组与广州极飞科技有限公司合作，将该技术搭载在农业无人机、农业无人车之上，原理机已经在甘肃省静宁县、靖远县，青海省海西蒙古族藏族自治州进行了测试并收集到数据信息，提供给下一步工作使用。样机预计将于年底试制成功，目前项目研发团队已完成便携式LIBS检测仪的结构定型与外观设计定型，预计10月底即可确定组件加工方案和提交加工。完成了定量分析软件的设计和编写，根据便携式LIBS检测仪既定的开发要求，项目组构建了特征谱线数据库、中药材光谱数据库（党参、当归、黄芪）、历史检测与GPS定位数据库，以及光谱仪波长、强度自动标定数据库。为了提升检测分析精度，项目组在现有的LIBS定量分析方法的基础上，结合化学计量学方法和光谱数据标准方法，通过主成分方法对实验光谱降维，通过向量机特征消除法剔除光谱次要特征，通过广义回归神经网络方法或随机森林回归法进行浓度预测。软件分析系统中嵌入前期对大量药材浓度预测分析获得的训练数据，来提高中药材检测过程中精度问题。

目前，市场调研、产品需求分析、核心器件性能测试与选型方案、数据库建设、仪器软硬件设计方案、外观与结构设计等方案已按原计划完成；下一步是完成便携式样机的测试与标定，产品上市后，预期将产生不小于100万元的年化经济效益。

因地制宜聚焦特色产业，促进大企业开放式创新（海门）

招商局工业海门基地以创新引领发展，凭借优势突出的核心产品、精细高效的管理模式及先进的经营理念，市场占有率稳居国内同行前列，已成为国内海洋工程装备龙头企业之一。公司积极响应国家战略规划，致力于打造“高端海洋工程装备制造、豪华邮轮制造、新型材料制品及设备制造”的中国制造业品牌。

面对全新业务的拓展，公司亟需技术的革新，本次中国创新挑战赛（海门）依据公司提出的102项技术需求，特别举办专场赛，并从102项技术需求里面选取三个课题进行重点对接：①极地探险邮轮舷侧结构耐撞性优化研究；②CFD软件在海工及船舶HVAC系统设计中的应用；③企业开放式创新管理平台。

需求一经发布便收到全国各大院校及研究所的强烈回应。公司陆续收到武汉理工大学、浙江大学、江苏科技大学、上海海事大学、大连海事大学等高校的挑战申请。

在海门科技局举办的第四届中国创新挑战赛（海门）赛前竞争对接会上，25项需求与多家高校进行了现场对接，加深了技术供需双方的沟通了解，最终15项需求达成合作意向。

现场赛上，七家单位分别针对三项重点需求进行激烈比拼，尤其是在专题一的现场比拼中，各家参赛单位均阐述了具体的理论解决方案，明确了极地船舶舷侧碰撞的研究方向，对于企业在实际中的困难，做出了合理的预估，并对企业的难点给出了具体的解决方法。经过专家团队的一致认可，江苏科技大学谷家扬院长团队脱颖而出，获得了该课题的优胜奖，之后的两个课题则由浙江大学和武汉理工大学摘得头魁。本次挑战赛的挑战课题都是企业需要在短期内解决的实际问题，通过解决方案比拼，企业可以实现优中选优，与最合适的单位达成合作意向。

通过本次挑战赛的平台，公司不仅取得了与优胜奖获得者的合作机会，还在挑战赛对接的过程中，找到了能够为企业提供解决方案的优秀高校和研究所团队，从而建立联系。在以后的课题研究中，企业可以通过这些优秀资源解决自身的技术难点，从而促进研究团队的不断壮大，达成互助互赢。

通过赛事弥补技术缺陷，提升国际市场的核心竞争力（宁波）

宁波博大机械有限公司（以下简称博大机械）提出的“高清洁度汽车零部件技术”需求针对中国重汽、戴姆勒（奔驰）、宝马、采埃孚等国内外高端客户铝合金压铸件高清洁度的要求，希望通过自主研发滤清器、变速箱壳体等高清洁度汽车部件制造技术，攻克该类高清洁度压铸件模具及工艺技术、高清洁度清理技术、清洁度精准检测技术等难题，建立高清洁度铝铸件工业示范线，实现规模化生产，提升我国高清洁度汽车零部件在国际市场的核心竞争力。

近年来，零部件清洁度的概念越来越受到各国的重视，相继成立了许多专门研究机构，进行了大量的实验研究，新思维、新理论、新技术、新设备不断涌现。清洁度的控制已由手工作业向机械化、自动化的方向发展，工艺方法也在逐年改进。与此同时，汽车零部件的清洁度要求也变得越来越严格，有时已经超越了实用性和功能性，带来更高的成本，更多的时间和资源的浪费。提高产品内在质量、增加系统可靠性、降低成本是企业面临的唯一选择。另外，随着国家机电产品出口比率的增加，也为高清洁度汽车零部件的研究和应用带来契机。有迹象表明，欧、美、日等国家和地区的一些企业，考虑或正在我国大陆设立光整设备生产基地和设置服务中心，以抢先占领中国市场。

经分析和实践证明，影响产品清洁度的重要因素是零部件残存的金属微颗粒。因此，高压清洗技术是解决清洁度问题和提高清洁度的一项关键技术。仅凭目前企业技术能力暂时无法完全攻克技术难题。

通过第四届中国创新挑战赛（宁波），宁波博大机械幸运地找到合作单位——苏州斯曼克磨粒流设备有限公司（简称斯曼克公司）。在整个项目研发过程中，斯曼克公司凭借多年针对处理产品表面、毛刺及颗粒物的处理技术优势发挥不可或缺的作用。通过双方技术团队对项目的课题深入研究，需求企业找到了解决技术难题方案。

企业负责人感慨："非常感谢主办单位提供平台，让我们能够在技术短板中找到合作单位弥补技术缺陷，为更好地、快速地解决技术难题提供了支持。"

借助专业服务机构，精准对接优质创新资源（宁夏）

举办中国创新挑战赛就是要借助这个平台，面向区内外寻找创新资源，解决企业的技术难题，促使创新主体的作用有效发挥。

2019年9月，第四届中国创新挑战赛（宁夏）技术创新需求发布会在银川举行，面向全国发布188项企业急需解决的技术需求，诚邀各高校院所创新团队及科研人员“揭榜”。会上，宁夏宝塔实业股份有限公司等6家企业发布了重大技术创新需求。

地铁列车齿轮箱轴承要求长寿命、高可靠性，目前国内轴承研发技术还无法完全满足，需要在材料、热处理、磨削技术、三维仿真试验、表面改性处理上有所突破。鉴此，宝塔实业股份有限公司（简称宝塔公司）提出“地铁列车齿轮箱轴承关键技术研究”需求，承办方在相关平台和相关媒体进行了公开发布，征集方案。同时宝塔公司也利用固有的渠道积极与该领域高校、团队联系，临近现场赛仍未寻求到理想的解决方案。

作为宁夏赛事的服务机构，国家科技成果网通过对宝塔公司的“地铁列车齿轮箱轴承关键技术研究”需求进行深度分析，提取关键信息，在国家科技成果库和专家库进行双线检索匹配，在人工判断二次筛选的基础上，成功锁定与该技术需求有较高匹配度的来自全国各高校、科研院所的15位候选专家。通过与专家联系，介绍中国创新挑战赛和参赛流程，协助专家与企业确认技术需求和对接，来自国内轴承行业龙头单位——国创（洛阳）轴承产业技术研究院向国家科技成果网提交了针对企业技术需求的解决方案，并表示宝塔公司的所需技术正是他们的研发强项。

最终，通过现场比拼，国创（洛阳）轴承产业技术研究院在该项目中胜出，并与企业签订意向合作协议。

挑战赛成为企业“招亲大会”（宁夏）

企业需要以技术革新撬动产业复苏和发展，创新团队需要将科技成果转化为实际生产力。中国创新挑战赛就是促进供需双方对接、洽谈、比拼的重要平台。赛事就是通过“科研悬赏+揭榜比拼+研发众包”的组织模式，有效解决宁夏企业的技术创新难题，促进产业转型升级。

由科技部火炬中心和宁夏科技厅共同承办的第四届中国创

新挑战赛（宁夏）赛上，宁夏红枸杞产业有限公司（以下简称宁夏红公司）研发中心主任周学义携题为“枸杞明目和护肝功能特医食品研究与开发”的技术需求专程现场“招亲”。

一直以来，枸杞玉米黄质的提取技术是困扰该公司产业升级的难题。酿酒残渣中含有大量玉米黄质，是制作枸杞明目和护肝功能特医食品的主要原料，对于治疗黄斑病有较好功效。但在实际生产中，残渣只能当作饲料低价售出，造成大量浪费。玉米黄质提取技术掌握在为数不多的几家科研院手中。在第四届中国创新挑战赛（宁夏）现场赛上，枸杞行业顶尖科研团队的参加，让企业看到了无限的合作潜力。

兰州大学、江南大学、黑龙江省绿色食品科学研究院拿出相应的解决方案，经过激烈的现场比拼，最终由国家科技成果网推荐的黑龙江省绿色食品科学研究院团队脱颖而出，获得优胜奖并与宁夏红公司成功签约。对于需求方来说，不仅选到了最好的工艺，经过各科研团队相互竞争，最后的报价也很合理。另外，黑龙江省绿色食品科学研究院还有3名国家特殊医学用途配方食品评审专家，更增加了项目实施的可行性。

对于企业来说，技术需求没有上限，这场现场赛也由此成为企业的“相亲会”。宁夏红公司正是瞄准这一时机，与参加现场赛的多个创新团队对接洽谈，以寻求更多合作机会。挑战赛现场赛结束后，宁夏红公司邀请江南大学、兰州大学、广东省测试分析研究所、中国科学院重庆绿色智能技术研究院等10多家科研院所和高校的科研团队，到企业参观考察、座谈对接，从优化生产工艺到节约生产成本，专家们提出了许多变废为宝的好点子。

宁夏红枸杞产业有限公司董事长曹广江表示，“作为枸杞深加工企业，宁夏红公司的产品具有非常广阔的市场前景，但我们在某些关键技术上还存在瓶颈，希望以后与各位专家和创新团队建立更多合作关系，促进我们攻克技术难题。”

精准推送，优选合作形式，缩减研发周期和成本（上海）

宁波某液压有限公司是一家专业从事蓄能器、液压元件和液压系统设计、制造和销售的国家级高新技术企业。目前主营可反复充气的较大体积隔膜式蓄能器。由于市场需求，公司急需生产出一种小型免维护型隔膜式蓄能器，要求此蓄能器具备体积小、重量轻、免维护的特性，能够更好地适用于小型液压系统。该产品不仅影响着公司目前接到的一笔千万级订单，更对公司未来的市场拓展有着极其重大的影响。但这种免维护型隔膜式蓄能器，在充气达到额定压力时所需的密封技术又是公司目前所缺乏的。

企业初始提出的需求概要为开发一套免维护型蓄能器的生产设备，要求能够在给蓄能器充气达到额定压力的同时，将蓄能器密封，但未明确技术需求指标。上海迈坦信息科技有限公司（简称迈科技）作为第四届中国创新挑战赛（上海）暨第二届长三角国际创新挑战赛的赛事服务机构，派出技术经纪人进行大量的技术、竞品调研分析，与企业相关负责人多次电话沟通，逐步细化了企业技术需求的细节，量化出了具体的指标：密封后腔内额定压力值；密封性寿命周期；隔膜式蓄能器适用规格；保证设备每分钟生产效率值。

服务机构充分利用过往工作经验，精准定位上海交通大学机械与动力工程学院现代设计研究所某教授。该教授的研究范围中包含摩擦学系统的建模及仿真、摩擦信息学，并一直从事产品、生产设备、生产线全生命周期的设计、研发工作，在蓄能器的研发方面有相当丰富的经验。技术经纪人随即就该企业需求与教授进行沟通。教授在了解企业的技术需求及详细的技术指标后，随即表示虽然没有现成的技术成果，但是有把握解决该项技术难题。经过与企业的沟通协调，技术经纪人很快组织教授团队参观了企业生产线，具体考察企业配置的蓄能器加工成套设备、热处理炉、理化试验室、耐压试验设备、成套的无损检测仪等，同时了解了企业目前研发生产的液压系统部件，尤其对蓄能器工装的设备具体指标进行了深入的沟通对接。

在企业生产基地进行实地考察和面对面洽谈后，教授团队给出了合作开发方案，按照最初企业的需求，由教授团队完成该工装设备的设计、试样、加工、调试的全流程，直接提供一套工装设备。

对方案做详细分析后发现，研发团队通过第三方工厂进行试样、加工、调试这些步骤耗费的时间周期长、精力投入大，对应企业需支付的研发成本较高。技术经纪人与企业负责人沟通后调整了研发合作形式：由教授团队主导该工装设备的设计，企业提供技术人员与相应设备配合张教授团队进行一体化蓄能腔体的工程加工试制。同时，由于企业仅需此项技术专利许可使用授权，教授团队可保留专利所有权，未来可将技术成果推广复制应用。

此方案降低了企业50%的研发投入成本，同时降低了教授团队的研发成果交付难度，并保障了此项成果未来转移转化的潜在可能。整个隔膜式蓄能器腔体封死一体化装置研发的技术开发，迈科技技术经纪人将企业预期的周期从一年缩短到了半年，大大提高产学研合作效率。

截至目前，教授团队与企业已进行一期交付，企业对一期交付成果非常满意，教授团队会对该技术的参数指标进行小幅微调，接下来双方将开展二期工程。

政府推动，引导企业技术合作（天津）

挑战赛启动伊始，天津市科技局带领转化中心主动走访了天津市一批大型企业集团和上市公司深挖需求。该批需求在平台上一经发出，就得到了科研单位的关注并获得了多项应答，天津大学、南开大学、瑟威兰斯科技有限公司等高校院所和科技企业，以及清华大学、山东大学等北京、深圳、山东、东莞的科研单位积极响应。

需求发布后，仅天津天士力现代中药资源有限公司的“现有车间的自动投料改造”项目就收到应答方案4项，天津天士力圣特制药有限公司的“后包装线自动化改造项目”收到了应答方案7项。

根据应答情况，工作人员先后于9月24日、11月27日组织应答单位集体走访天士力医药集团股份有限公司。最终天津瑟威兰斯科技有限公司与天士力圣特制药有限公司、天津鸿顺启航科技有限公司与天士力现代中药资源有限公司达成初步合作意向，双方正在针对该项目技术难题进行攻关。研发团队与天士力医药集团股份有限公司技术部门共同研究解决方案，交流2个多月后取得突破。目前技术方案已经初步确定，近期有望签订项目合作协议，另一项也达成了初步合作意向。

第五章

赛事访谈

挑战赛在提升企业研发能力和核心竞争力、探索开放式创新、助力区域经济发展、优化科研组织方式、以需求为核心打造专业化科技服务价值链、政府集聚资源提供创新服务等方面呈现出了一些新特点和新趋势。

抓住挑战赛核心，尊重市场规则

——访西安生产力促进中心 杨振

西安自2016年起已经连续举办了四届挑战赛。第一年、第二年属于探索挑战赛阶段，包括怎么筹措资金、怎么征集需求、怎么找到解决方案以及用什么样形式展现赛事，我们都摸索出了一套经验方法。这一段时期主要是完成创新氛围的营造，培养以企业为主体的技术转移习惯。近两年开始，西安在接近中国创新挑战赛的核心主旨，即大量的创新需求形成对接、被解决。

现在我们大量解决的仍是“微观”的问题。西安赛事目前是以解决企业的个性化的需求为主；与此同时，考虑本地特点进一步解决本地的行业性区域性难题。部分地区——包括长三角、大湾区，需要解决国家战略性需求。

但是我认为挑战赛事的基础就是解决企业的个性化问题。

在企业需求为引导的模式下，我们要强调导向性问题一定是以市场、以企业为主。一定要搞清楚研发主体是谁，研发主体不是政府也不是高校，是企业。那我们在为谁服务？我们最终是为企业服务的。中国创新挑战赛的核心在哪？大量的、真实的需求被解决。

赛事的最关键的源头在于需求挖掘。什么叫“有效需求”？第一，企业愿意买单，这是头等重要的事，既然是悬赏，那企业应当愿意为需求买单。第二，可识别参数，需求应有可实现技术参数，还要有经济指标。第三，对需求解决的时间要求，企业一定要有明确的合理的开发周期。

挑战赛事的核心内容是竞争对接会，供需对接工作应当作为我们的重点内容。路演的形式是一种以赛代评的形式来解决技术需求方跟技术供给方匹配问题。

想真正把挑战赛办好，还要尊重市场规则：需求是真的，成果是有价值的。赛事奖励更多的是引导性的作用。我认为以市场为导向的技术成果转移转化的政策支持方式，应以“后补助”形式发放，最高不超10%。毕竟奖励和政策补助不是赛事重点，我还是强调赛事挑战赛的核心在于“大量的、真实的需求被解决”。所以西安在需求挖掘的时候一定会和企业讲清楚：政府费时、费力、费人是为了给企业找渠道、找合作平台，帮助企业降低成本，绝不是政府给企业研发买单，企业必须自己真的愿意拿钱。

挑战赛有三个层次，第一个层次就是营造氛围，让大家都知道产学研或者是以需求为导向的技术转移可以这么做，改变思路；第二个层次就是真正解决了一些实际的技术转移转化的问题，也是以需求为导向的成果转移转化的先行先试工作；第三个层次是以国家战略为牵引的研发众包。虽然第三个层次我们目前还达不到，但是最终目标的实现需要慢慢推进，这是一个不可避免的过程。未来可能还会有第四层次，这都是未知的。

推动产业发展，成果转化工作常态化

——访宁夏生产力促进中心　赵功强

作为中国创新挑战赛承办地之一，宁夏已连续两年举办这一赛事，依托国家科技成果网等全国性服务机构“精准匹配、定向邀请”，成功吸引了来自中国科学院重庆研究院、兰州大学、厦门大学等高校院所的63个专家团队为宁夏企业解决技术需求。

宁夏生产力促进中心的赵功强主任谈及办赛感受时说道："我是从第三届开始参与挑战赛组织工作的，当时参加了一个培训会，感觉这是一个非常好的模式。""第三届创新赛，我们办赛的效果也很好，企业认为政府是真的关心他们、关注他们，在帮助他们解决一些问题。""我也认为这是促进成果转化的一个有力的抓手。"

宁夏生产力促进中心赵功强主任认为，企业要发展就必须要创新。挑战赛结合宁夏目前的企业现状，就如同一个"科技红娘""相亲平台"，让企业和高校的人能够见面。"第四届赛事我们办得特别成功，有几家企业正式签约。""这个平台更多的是让企业能够和高校的老师对话、交流。"

"宁夏这边的高校很少，科研能力相对较差，需要依托发达地区的高校资源。所以我们非常重视挑战赛这个平台，并且通过挑战赛成功对接的项目，也有相应的政策支持。"宁夏科技厅充分利用挑战赛这一平台，推动科技计划改革。

2019年，宁夏出台了全国首例《关于构建以需求为导向的科技项目形成机制改革方案》，并积极探索将中国创新挑战赛理念融入科技体制改革。这不仅是科技体制改革的重大突破，也是优化科技资源配置、推动创新挑战赛（宁夏）深入开展的重大举措。探索了“以赛代评”“以赛促改”的科技计划项目形成新机制，为推动地方科技计划项目改革提供了新思路和新路径。

此外，宁夏通过需求征集常态化，夯实了赛事基础。“宁夏科技管理系统、宁夏技术市场网上平台常年开设有企业技术需求征集通道，按照‘常年征集、分批受理、抽查核实、定期发布’原则全年征集企业技术需求，使该项工作常态化、体系化。”通过引导科研院所和高校面向市场关注需求、研究需求、对接需求、解决需求，促进科技成果及时转化。

作为一个欠发达地区，引进发达省市先进科技成果，促进科技成果转移转化已经成为宁夏科技创新的主要任务。创新挑战赛的举办不仅打通了宁夏与其他省市技术要素流通的渠道，也是实现技术供需对接常态化的具体实践，创新挑战赛作为宁夏东西部科技合作的主要载体和平台，为欠发达地区实施科技创新驱动战略探索了新路径。

2019年第四届中国创新挑战赛（宁夏）累计吸引400余

家企业、机构报名参赛，公开发布技术创新需求195项，征集来自兰州大学、国创（洛阳）轴承研究院等全国22个省市46家高校、科研院所和企业，103个创新团队的有效挑战方案128项。签订意向性技术合作协议70项，技术合同总金额1.04亿元。截至目前，对接成功并签订正式合同的为8家，涉及金额400余万元。

探索地方科技体制机制改革，实现更广泛的产学研合作

——访宁波生产力促进中心　林宏权

宁波地处东海之滨，是中国最早开放的贸易口岸之一，唐宋以来，宁波商人与国外就有了贸易往来。开放带来的商业文明使宁波人拥有了闯荡天下的雄心。孙中山曾评价道“宁波人素以善于经商，且具坚强之魄力”“凡吾国各埠，莫不有甬人事业，即欧洲各国，亦多甬商足迹，其能力之大，固可首屈一指”。市场经济深入骨髓，宁波企业的市场能力毋庸置疑。

近年来，作为长三角南翼的经济中心和制造中心，宁波制造业得到了快速发展，并已经形成绿色石化和汽车及零部件等两大万亿级培育产业。

第四届中国创新挑战赛（宁波）面向全国发布102项企业急需解决技术需求，其中关键共性技术需求5项，个性化企业技术需求97项。宁波生产力促进中心主任林宏权感叹："宁波的很多技术型企业的制造水平已到了中上层，很多的难题都是国际水准。并且宁波本地的高校、科研院所较少，企业要寻找合作的伙伴就不容易了。"对企业来讲，一方面需要外部资源的合作，另一方面缺少这种渠道。这就是中国创新挑战赛要解决的问题。

举办中国创新挑战赛，对贯彻落实国家创新驱动发展战略，构建技术创新体系、深化宁波科技成果转移转化、加速集聚优质创新资源，支持宁波企业创新和产业转型具有重要意义。

此外，宁波率先将赛事与"科技创新2025"重大专项相结合，探索"以赛代评"的新模式，在推动地方科技体制机制改革方面做出了有益的尝试，为国家和地方科技计划管理改革提供了新思路和新路径。

"宁波的重点需求不是我们随便挑的，是经过专家评审及企业答辩两轮评审选出来的！第一轮专家评审，主要是体现项目评审里面非常重要的内容——立项必要性。第二轮企业答辩，企业要论证其技术需求为产业共性的、具有较大潜在经济效应的，此外还要展示企业承担项目的能力，比如技术积累、投入资金、综合生产能力等。”

林宏权主任详细解释了“以赛代评”的原理：“其实传统的科研立项申报也是这样的过程。申请项目课题必须要在申请书上说明立项必要性以及申请人的研究基础、承担项目的能力——这对应的就是我们挑战赛的重点需求筛选过程。此外，立项申请还要提出研究的技术路线以及相应的推进计划和技术指标——这不就是挑战赛的解决方案比拼吗?”在中国创新挑战赛（宁波）现场赛中，专家评委针对不同决方案的可行性与先进性进行考察和打分，选出优胜挑战团队。

挑战赛（宁波）的模式基本覆盖了“科技创新2025”科研立项过程中的项目评审过程，是二者有机结合的底层逻辑。在第四届中国创新挑战赛（宁波）中，赛委会优选的5项关键共性技术需求列入《宁波市“科技创新2025”重大专项实施方案》，如挑战团队在挑战赛中获胜并与需求企业成功签约，该需求项目便有机会获得宁波市“科技创新2025”重大专项立项支持。

“挑战赛到底要做什么？我认为就是要实现更广泛的产学研合作，这是我们的终极目标。”

营造创新氛围，打造城市科技创新名片

——访四川南充生产力促进中心　刘刚

2019年7月，南充组织召开第四届中国创新挑战赛（南充）启动工作会议，正式启动赛事相关筹备工作。对于南充市来说，举办中国创新挑战赛的影响深远。

首先，赛事推动了产业高质量发展。四川南充生产力促进中心主任刘刚评价道：“赛事切实解决了制约企业发展的技术难题，有效降低了企业创新成本，加速了科技成果在南充的转移转化，推动了南充产业高质量发展。”

其次，赛事的成功举办为南充市营造了浓厚的创新氛围。“赛事的主题是创新驱动发展，挑战成就梦想。”赛事的成功举办是南充贯彻落实“创新、协调、绿色、开放、共享”发展理念和实施创新驱动战略的生动实践，为

南充推进大众创业万众创新工作深入发展注入了强有力的新动能。

最后，举办中国创新挑战赛，充分彰显了南充的良好形象。通过现场赛期间开启城区节日模式夜景灯光，在开幕式上播放南充城市形象宣传片等方式全方位展示南充。赛事举办期间联合省市20余家新闻媒体聚焦南充、宣传南充。刘刚主任表示："本次利用承办赛事机会，对外充分展示了南充建设'成渝第二城'的实力，争创全省经济副中心的良好形象。"

为了支持本次赛事，南充市政府特安排200万元赛事经费用于举办第四届中国创新挑战赛（南充）。

刘刚介绍："为提高技术需求企业和挑战团队的参赛积极性，我们加大了奖励和项目支持力度。现场的专家咨询费、悬赏奖金都由政府买单。现场挑战赛每项优胜奖奖励10万元、优秀奖奖励3万元、参与奖奖励1万元。除此之外，我们还按着省外5000元、省内市外3000元、市内2000元的标准给每个参加竞争性对接的挑战团队现场兑现了奖励补助。"优厚的奖励力度极大提高了技术需求企业和参赛团队的积极性。

刘刚主任补充说："我们在合作项目落地进度方面也获

第四届中国创新挑战赛（南充）获奖团队

得了一些成果！这些工作成果就是激励我们坚持举办赛事的动力。”

在南充市本级科技计划成果转化专项申报指南中，明确对通过中国创新挑战赛达成的产学研项目予以优先支持。在第二届中国创新挑战赛（南充）的现场挑战中，南充石达化工有限公司与兰州大学成功实现对接，双方联合申报的“16万吨工业异辛烷装置高盐废水处理技术开发及工业应用”项目获2019年四川省科技厅150万元重大成果转化示范项目支持。

最后，刘刚强调：“南充市科学技术局将重点聚集和整合资源，对成功签订意向合作协议的项目，及时跟踪，为项目合作双方提供科技政策咨询、知识产权、技术交易和投融资等服务，确保项目推进顺利、取得实效。”

打消疑虑，通过赛事平台寻找优秀合作团队

——访浙江大洋生物科技集团股份有限公司

王国平

2019年11月7日举办的节能环保行业现场赛上，浙江大洋生物科技集团股份有限公司（以下简称大洋生物公司）就“氯化铵蒸发冷凝水提氨浓缩”的技术需求进行了现场比拼。

大洋生物公司研发中心主任王国平表示“公司在回收氯化铵产品时会产生大量含氨的蒸发冷凝水，给后续的综合循环利用造成不利影响，更不能直接排放。因此需要一种高效低能耗的提氨技术，并且不能形成新的污染。”经过现场比拼，需求方与挑战方——江苏凯鼎环保装备有限公司签订意向合作协议，协议金额为250万元。

浙江大洋生物科技集团股份有限公司成立于1976年，系国家高新技术企业，主要从事钾盐、兽药、氟化工三大核心产业的生产经营。公司设有两个省级技术研究院，新建一个博士后科研工作站，拥有多项专利技术，研发实力较强。主导起草国家碳酸钾技术标准、能耗标准，浙江省专利示范企业。产品坚持以国际化的战略思维谋发展，畅

销全球几十个国家和地区。经当地科技局和科技大市场的工作人员宣传介绍，该公司了解并报名了第四届中国创新挑战赛（浙江）。

企业方在参加赛事之初也曾经有过怀疑和担忧。王国平回忆道："当初我们也没有太多的兴趣，就担心通过难题信息发布后，同行知道我们的技术信息和一些短板，对我们市场竞争不利；而且还怀疑，我们发布难题信息后到底有没有人会来参加我们这个难题的创新挑战。"

"赛事活动帮助我们企业解决了含氨的蒸发冷凝水的综合利用问题，成功开发一种高效低能耗的提氨技术，采用蒸发汽提＋二级喷淋吸收的工艺流程，浓缩得到商品氨水，残液为含氨浓度小于500ppm（10^{-6}）的水，消耗仅为50公斤每吨水蒸气。该技术既解决了公司含氨蒸发冷凝水的出路问题，还回收氨水浓度在10%～20%的商品。"

王国平很有感触地说："通过这种'揭榜比拼'的形式，需求方和挑战方可进行双向选择，需求方和挑战双方都可以获取更多所需求的信息。通过这个比较权威的、有公信力的赛事平台，给供需双方一个纽带，也可以缩短研发周期，减少一些成本……目前项目研究和工程化实施比较顺利，合作也非常愉快。赛事比拼，给我们企业提供了更多可选择的技术方案，提供了更多的解决思路。”

第四届挑战赛浙江赛事在评分机制上还首次增设了价格比拼环节，这对参赛者来说也是一个全新的“挑战”。王国平特别肯定了这一思路和方式：“如果项目都停留在学院派的水平，对市场转化率、产出率、成本没有太多关注的话，那就只是一张白纸，因此要从资本的角度进行评估，关注项目的投入产出比。”

经过参加第四届中国创新挑战赛，从难题选择、信息发布、线上对接和现场比拼，最终浙江大洋生物科技集团股份有限公司和挑战方江苏凯鼎环保装备有限公司现场签订意向合作协议。后续企业和挑战方通过对接共同合作开发和工程化设计，项目实施建设基本完成。

借力科技轮，“慢走”变“快跑”

——济宁夏东吴农化股份有限公司

刘长明

企业不能闭门造车，要敞开胸怀，积极寻求突破口；对于研发单位而言，要以产业需求为依托，让研究既‘接天线’又‘接地气’。这样的供需模式，才能促进产学研深度融合发展。

自从和淮阴工学院教授杜卫刚合作后，宁夏东吴农化股份有限公司（简称东吴农化公司）发展宛如“开挂”，企业不但突破长期制约发展的技术瓶颈，建立了年产2万吨超细硝基胍连续化生产车间，柔性引进3名专家，借助东部的“脑力”，打通了研发试验的“最后一公里”。

东吴农化公司和淮阴工学院结缘，源于第四届中国创新挑战赛（宁夏）现场赛。“企业生产硝基胍时无法实现连续化作业，每生产一批就需要加料、搅拌、重新清洗反应器，导致结晶体互相粘连，形成较大粒度的晶体。此外，过程反应器时间达2～3小时，结晶速度慢，晶体沿伸长方向生长趋势被阻碍，大大增加了生产成本。”宁夏东吴农化股份有限公司副总经理刘长明说，带着硝基胍连续化生产的技术需求，他参加了中国创新挑战赛（宁夏），并期望需求到“金点子”。

台上，来自5家科研院所和高校的研发团队，针对东吴农化公司的技术需求给出技术解决方案。台下，评委借助丰富的投资或研发经验，对技术解决方案进行点评，最终为东吴农化公司选择了科学可行的方案。

“我们引入淮阴工学院的技术，试制了20000t/a高效连续流微通道反应器工业化装置，不仅实现生产自动化，还形成绿色新工艺，大大提高了生产效率。”刘长明说。

在一次次深入交流、合作中，双方关系进一步深化。考虑到招人难、留人难等问题，东吴农化公司将杜卫刚教授等3人聘为技术指导，每年到企业实地解决技术难题，帮助企业不断提高研发能力。

“以前，遇到不容易解决的关键技术只能摸着石头过河，如今借助东部的‘脑力’，大家群策群力，大大缩短了研发时间。”刘长明说，在双方通力合作下，不少工艺优化取得重大进展：在不改变生产负荷的条件下，新型微通道反应器体积缩小1000倍以上；微通道反应器的换热效率和传质系数幅度提升98%；原料转化率和产品收率超过99.7%；有效控制了污染物产生，生产过程实现绿色化；系统对异常情况迅速处理，保证工人和生产处于安全状态。

取彼之长，补己之短

——访宁波丰茂远东橡胶有限公司
董勇修

宁波丰茂远东橡胶有限公司始建于1972年，公司主要生产汽车传动带等产品，长期为长安福特汽车有限公司、东风日产乘用车公司、郑州日产汽车有限公司、标致雪铁龙集团等国内外大型主机厂提供配套产品。2019年，企业年营业额达到8.9亿元。在第四届中国创新挑战赛（宁波）赛事中，企业提出需求“混合动力汽车前端附件传动系统的关键技术”。

这是该企业第二次参加中国创新挑战赛。总经理董勇修表示，去年因为经验不足，对项目对接的准备工作也做得不够充分。今年二次参加挑战赛也是做了一定的准备。

问及企业为何多次参与中国创新挑战赛时，董勇修解释道：“我们企业平常虽然也在做研发工作，但是对外合作的资源是有限的。对于高校和机构，我们不知道哪些老师擅长什么技术……这个平台把很多资源整合在一起，然后将我们的需求通过赛程的方式，把合作信息发出去。全国各地的高校都能看到这种信息。而且政府的平台传媒是比较强的，能够把相关产业的一些老师和高校吸纳到这边来。”

作为一家专业研发、生产、销售橡胶制品的国家高新技术企业，宁波丰茂远东橡胶有限公司有员工总共800余人，其中研发团队总计80余人，科研技术人员占比10%。企业还聘请意大利知名传动系统专家作为公司技术总监。2010年，该企业通过国家CNAS认可实验室。此次企业提出的技术需求“混合动力汽车前端附件传动系统的关键技术”也是正在进行技术攻关的项目。

中国创新挑战赛有效起到了服务企业需求、提供技术成果资源对接的平台。而对接之后也需要双方进行很长时间的磨合。总经理董勇修说：“由于时间和技术难度的限制，去年的项目我们最终没有和对接团队签订正式合作研发的协议。我们最终采用聘请顾问的方式，定期请专家团队来企业技术进行问题指导，给予企业理论知识的支持，对接的老师也给我们提供了一些资源支持。”

企业之前也曾与几家高校有过联系与合作，这些高校对车辆工程中轮系的分析能力较强，但是遇到零件材料相关问题的就稍显力不从心。

“我们属于橡胶制品行业，橡胶本身的特性我们是很了解的。目前国外这类产品已经发展到第三代——橡胶和塑料两者结合的一种材料。我们研发团队虽然对橡胶材料很熟悉，但是对塑料就不熟悉了！这种新产品需要两个学科知识的结合。”

宁波丰茂远东橡胶有限公司的管理者充分认识到，借助中国创新挑战赛这个平台，可以快速找到合适的合作方，并通过产学研合作取长补短、各取优势。

降低创新成本，促进需求与技术精准对接

——访浙江一新制药股份有限公司　施心建

浙江一新制药股份有限公司是一家专业从事中西药制剂、原料药、保健品、植物提取物等产品的开发、生产、销售于一体的高科技现代化企业，先后获得国家重点高新技术企业、国家天然药物产业基地骨干企业、浙江省“五个一批”重点骨干企业、浙江省中药现代化科技产业基地示范企业、浙江省专利示范企业、浙江省技术创新优秀企业等荣誉。同时“一新”荣获浙江省知名商号，“一新”

商标连续五届荣获浙江省著名商标称号。通过参加第四届创新挑战赛（浙江）赛事，该公司提出的“以乳糖为原料制备乳糖酸的产业化”需求与浙江工业大学冯海教授实现成功对接，双方于2019年12月正式签订项目协议。

需求方技术副总经理施心建表示，冯海团队的方案具有环保、转化率高、纯度高等优势，是比较完美的技术路线。

当问到挑战赛活动对企业的帮助时，施心建说：“挑战赛给了企业与科研机构一个接触的平台。”

“我们有这么一个技术需求，但是不知道去找谁。需求通过赛事平台发布后，我们收到了好几个团队的报名材料。从这些报名材料里选优出来浙江工业大学冯海教授和南京工业大学胡燚教授团队的方案进行现场比拼。此外，还有其他老师也通过电话方式直接与我们进行了沟通。”技术副总施心建表示，这个赛事的优点就是寻找解决方案的范围比较广，大大提高了解决技术难题的成功率。

中国创新挑战赛针对技术创新需求，通过“揭榜比拼”方式，面向社会公开征集解决方案的创新众包服务，是探索“以企业需求引导的成果转化”新模式的实践工作。在帮助企业降低创新成本、促进需求与技术精准对接方面有了较为明显的成效。

在介绍项目最新进展情况时，施心建也坦言项目实施落地过程仍面临一些现实情况：“首先，技术需求本身相对还是有难度，也都是我们企业自身解决不了的问题。其次，挑战赛实际上是给我们提供了一种解决思路，一种理论上的可行性。至于技术团队能不能完全实现技术要求、达到预期效果还需要中试验证。最后，随着时间推移，企业和科研机构双方可能都有新的想法和新的要求，所以我们在项目推进过程中也会对技术方案进行不断修正……多种原因导致了需求项目距离产业化还有很长的路要走——当然我们也能理解，这个创新突破的过程是不可避免的。”该项目目前已经通过初步小试研究，后续研究工作还在有序进行中。

施心建同样指出了目前科技成果转化过程存在的痛点，即科技成果的供给侧与需求侧间的矛盾——供给侧主体的科研成果聚焦于国家发展战略规划、国际前沿科技，而需求侧主体更多关注如何降低成本、增加经济效益。

“目前企业跟科研院所可能在各方面都有一些差别。合作双方的出发点可能不太一样。我们要解决实际问题，能够产生效益；科研院所考虑更多的是这个项目是否有新颖性，以后能不能发表论文，能不能有什么专利。在合作的过程中，我们双方也是在不断地沟通和磨合，争取实现互利共赢。”

举办中国创新挑战赛的意义不仅仅是帮助企业解决技术难题，更重要的是能否让技术持有者找准市场诉求，摸清研发方向，实现技术研发和市场需求的精准对接，进一步探索建立需求导向、产学研一体化的协同创新机制，为推动供给侧结构性改革提供新抓手。

高校人员应适应需求的变化

——访陕西理工大学　田光辉

田光辉副教授，陕西理工大学化学硕士生导师、植物学硕士生导师，陕西省中小企业首席工程师。2019年首次参加中国创新挑战赛宁夏与南充赛事。

田光辉回忆起自己参加挑战赛的经历时说道：“参加挑战赛是一次偶然。一开始，我是不知道这个赛事的，后来国家科技成果网的人给我打电话让我先了解一下，我心想那就看看这究竟是个什么活动……看完后觉得还比较感兴趣，于是就报名了。”田光辉在收到赛事宣传材料后还动员学院里其他老师，最后和另一位教授组成技术团队，共同参与挑战赛。

田光辉认为，挑战赛就是“活的中介机构”，赛事的优点就是“活的”——让资源互动起来！

“挑战赛是非常好的中介机构，给企业和科研人员搭建了一个相互交流和学习的平台。参加挑战赛，开阔了我的眼界和视野。我发现还有很多东西，需要去学习和认识，需要从应用的角度去思考和学习。我感到科研人员在学习、企业也在学习。科研人员能积极地围绕着企业解决问题、探索问题，围绕企业做文章切实把文章写在祖国的大地上。”

在与企业进行现场对接后，田光辉认为自己和企业的沟通比较顺畅，企业对技术非常关注，有“求技术若渴”的感觉，且很重视实效。田光辉感叹道：“企业也在不断地创新、吸收新技术。企业能打开大门，能和科研人员对接交流，形成学习型企业，这是中国企业的一个特色。企业在不断地通过科技创新来发展和壮大，企业对科技创新有引领作用和导向作用，企业在不断地占领科技创新的制高点。”

高校的技术成果，大多是实验室研究的成果，和企业的实际应用还存在着差距。面对高校技术成果和企业需求存在的差异问题，田光辉有着非常积极的心态："结合企业的需求特征，在技术参数上基本保持一致，差别不大；具体应用上存在着差别，需要结合企业的具体应用减少差距。我来参加挑战赛，就是想了解企业对技术的具体需求，需要什么技术？技术的创新点和难点在哪里？制约企业发展的瓶颈在哪里？能否为企业解决一些实际问题和技术难题？自己的一些成果能否进行转化？我们想知道企业在植物提取行业中对技术创新的下一步要求和走向，围绕企业的技术需求，希望和企业合作开发新技术。有需求、才有发展、才有创新。"

促进科技成果转移转化，先要消除科研人员和企业之间的隔阂和屏障，把科技成果的供给方和需求方进行对接，改变科技创新主体之间的"各自为政"。通过产学研用的方式紧密结合起来，让科研面向经济生产，让经济生产依靠科学研究，形成高等院校、科研院所与企业主体间的创新合力，建立合作创新体系，通过科技创新有效供给来解决经济发展中的实际问题。

田光辉副教授强调："作为高校人员，要适应需求的变化。"

现场试验效果佳，奇思妙想互联企业资源

——访四川师范大学　刘兴艳

刘兴艳，四川师范大学化学与材料科学学院副教授。其项目团队由多名教授和副教授以及研究生组成，为保证食品安全，避免化学污染，在生物保鲜和调节方面研究近20年，获多项国家发明专利。

在第四届中国创新挑战赛（宁夏）赛场，刘兴艳针对"黄花菜鲜菜保存和加工技术"需求，与柳泉缘农作物种植专业合作社达成初步合作意向。

企业的技术需求对于挑战者来说也是一项不小的挑战，刘兴艳表示"从我们专业角度来说，做黄花菜的保鲜起码是国家级以上的难题。因为花是最不好保鲜的，叶子类的，比如韭菜，相对来说都要比它好做一些。"

在签完意向协议以后，刘兴艳副教授并没有着急和企业签订正式协议。本着对企业负责的态度，刘兴艳联络企业在黄花菜成熟前的半个月再次来到企业现场做实验。"我是个做事沉得下心的人，考虑到实验室和现场环境条件差异太大——在成都做得好好的结果，转移到银川这儿绝对会失败"。

黄花菜是每年七月底到八月初成熟，2020年7月刘兴艳又一次来到了企业所在地进行现场试验。试验过程经历了很多恶劣天气，“第一天是阴天，保鲜效果特别好，大家都很兴奋。结果第二天太阳出来了，效果就不行了，后来我还经历了沙尘暴、暴雨……我运气特别好，把宁夏这边所有的天气全部见过了。每天做三到五组实验，每次遇到新的天气状况可能都要对保鲜配方做调整。”

企业对现场的保鲜实验效果也非常关注，同时承担了刘兴艳的机票和食宿费用。“企业老板的女儿负责接待我，也是一个研究生二年级的学生。她每天陪着我吃住，连续做了20多天的实验。她曾经和我讲老师我们每天好辛苦啊。我说没事，做科研就是这样的。”刘兴艳笑着说道。

为了提高自己技术的成熟度，刘兴艳不辞辛苦，耗费二十余日在企业现场完成保鲜工艺试验，取得了很好的效果。企业对技术效果也十分认可，并主动提出签约正式合同。

同年在中国创新挑战赛（南充）的现场，刘兴艳副教授又成功对接了项目“红薯膳食纤维的食品开发技术”。

需求企业是一家扶贫企业，主要从农民手中收购红薯加工粉条。“企业亟需解决的问题是什么呢？副产物。红薯加工以后产生的副产物全部堆在旁边，被环境保护局罚款。企业老板联系了很多渠道，都没有办法处理。我给他的解决方案就是拿一部分副产物进行加工后作为糖尿病人的食品，这是我的想法。因为前期加工过程已经基本把糖分提取完了，剩余的就可以用来加工糖尿病人的食品。”

“现在要做成糖尿病人食品，必须还要找另外一家企业合作。我回成都以后找到另外一家做面条的企业，我们之前因为面条保鲜技术合作过，也比较熟悉。那么这样，我就能把企业和资源都串起来了。”

评委专家要引导供需双方产生“碰撞”

——访西北工业大学　李卫斌、赵歆波

作为中国创新挑战赛（西安）现场赛的评委，西北工业大学李卫斌教授和赵歆波教授一同接受了访谈，对参与挑战赛赛事提出了自己的体会和想法。

赵歆波教授肯定了举办挑战赛的长远意义：“首先我觉得这个赛事是一种尝试，给小微企业提供了机会。不管现在能产生多少结果，但至少它在慢慢地去改变。赛事提供了一个产业化的渠道。所以我觉得不要操之过急地去要求它立马有什么效果，而是需要一个潜移默化的过程。”

赵歆波教授认为，成果转化是一个复杂的系统化的问题，高校老师很难胜任技术市场化推广、企业运营和管理的工作。“实际上我们需要寻找一个可行方案，高校老师负责技术研发，专业化的公司来做市场运营，同时要有成熟的机制可确保技术人员的权益。”

评委如何帮助企业找到合适的合作方？同样来自西北工业大学的李卫斌教授回答道：“这个要从整体考虑。第一，从专家角度来说首先要考虑技术的针对性，这个技术不一定要很先进，但一定要满足企业的需求。毕竟先有问题才有解决方法，而不是先有解决方法再有问题，有前后次序。第二，技术的性价比，也许高精技术的性价比是最好的，有可能传统技术的性价比是最好的，所以要选择合适的技术解决合适的问题。第三，方案的成熟程度。企业其实不愿意花费用买一个可能失败的技术，最好是探索性工作已经由研发团队完成了，后期企业仅需要做一些适应性的改进。”

李卫斌教授还指出了挑战赛和其他科研活动的区别：“评”的过程其实是“平”的过程，要平衡各种因素。

作为西安现场赛打分评委，李教授对自己的职责有着深入理解：“我们需要引导企业和技术持有方能够‘碰撞’，这是赛事的核心。不是企业说企业自己的需求，挑战团队只讲团队自己的东西，没有真正‘交流’。原本需求就一直存在，成果也一直存在，双方一直循环在自己独立的生态圈里面。希望通过赛事，双方能够有效地交换信息。我认为这是最重要的一个目标。”

精准匹配、定向邀请，致力推动挑战赛专业化对接服务

——访国家科技成果网　吴海波

国家科技成果网由中华人民共和国科学技术部于1999年创建，是科技成果发布、展示、交流的国家级科技成果信息服务平台。2017年起成为中国创新挑战赛赛事服务机构和合作媒体，并首次参与挑战赛，主要负责向部分承办地提供解决方案征集、专家对接服务。

“在服务过程中，我们发现部分赛事承办地在解决方

案征集、专家对接环节的效果不太理想。”国家科技成果网专家对接项目负责人吴海波介绍道，“主要体现在解决方案征集数量及解决方案的质量等方面。经过摸索，我们推出了‘精准匹配、定向邀请’的专家对接服务模式。”他认为，大数据匹配方式可能是实现专家精准对接的优选方案，合理运用，可提高解决方案征集效率，提升办赛效果，降低办赛成本。

目前由国家科技成果库科技成果完成人和项目评审专家组成的科研专家库已达120万人；根据专家在科研项目中扮演的角色，国家科技成果网优选研发骨干、项目牵头人、学科带头人、项目评审组组长等优秀专家，目前已建成约20万人的核心专家库；针对挑战赛，进一步缩小范围，根据科研专家为企业提供科技服务、从事科技成果转化的意愿，筛选出了1.5万人的服务专家库。

“通过对赛事承办地提供的技术需求进行深度分析，在专家库中进行精准匹配，根据精准匹配结果定向邀请全国优质专家资源，确保挑战团队质量，提高解决方案征集效果，解决部分技术难题在挑战赛承办地乃至承办地周边创新资源有限的现实问题。通过对国家创新资源的有效调配，把全国优质科技成果和优秀的科研人员资源引入当地，实现全国创新资源向赛事承办地的集聚。”

吴海波介绍，“精准匹配、定向邀请”模式有几个比较明显的特点：“第一，专家资源优势。专家匹配工作基于国家科技成果库强大的资源支撑，目前国家科技成果库已收录约100万科技成果、120万科技专家和15万科研机构信息；第二，通过专家精准匹配，需求精准推送，技术需求信息等相关材料直接推送给专家本人，避免报名材料卡在某个环节，从而使专家对接工作实现‘找到人，找对人’的目标。第三，专家团队覆盖全国，以2019年为例，为两个赛事承办地征集的解决方案的提供团队分布于全国22个省、市、自治区，60家高校科研院所。第四，专家团队均来源于国家科技成果库成果完成人或评审专家，由国家科技成果网筛选并推荐参赛，可信度高。第五，专家团队做过相关研究，已有相关科技成果，且有成果转化落地需求，需要寻找企业对接，具备专业素质和服务能力。第六，专家对接模式效率更高，效果更好。举个例子，2019年，曾在10个工作日内为宁夏征集到80多套有效解决方案，为承办单位雪中送炭，提高工作效率。”

2018～2019年，国家科技成果网先后向扬州、南充、宁夏等承办单位提供解决方案征集、专家对接服务，累计针对赛事承办地提供的企业技术需求匹配1万5千多名专家，并收到254套有效解决方案，167个挑战团队受邀赴现场参加赛事。参赛团队累计签署79份意向合作协议，涉合作金额1个亿。

“今后，我们会充分发挥资源优势，进一步优化‘精准匹配、定向邀请’专家对接服务模式，并专注于专家对接服务这一项工作，把更多、更优质的专家团队推荐给中国创新挑战赛需求企业。”吴海波表示。

依托挑战赛培育市场化服务机构

——访上海迈科技　蔡文烽

上海迈坦信息科技有限公司作为“技术转移+互联网”综合服务商，自2016年起成为挑战赛的服务机构。2019年中国创新挑战赛期间，迈科技主要服务于上海、宁波、湖州、温州、太仓等地，联动长三角区域服务团队及合作伙伴，针对自营城市数千家企业进行走访摸排，累计挖掘技术需求156条，举办走访、供需对接活动10余次，提供技术方案48份，促成供需对接247次，撬动企业意向投资金额6949万。

迈科技在上海、宁波、湖州、温州、太仓等地拥有区域服务团队，搭建了包含江浙沪所有地级市在内85个城市的科技服务合伙人网络。在承办“2019年第四届中国创新挑战赛（上海）暨第二届长三角国际创新挑战赛长三角工业技术升级与产品改良专场活动”期间，区域服务团队在日常工作中高频次走访区域内企业，与企业建立长期联系，获取企业对团队的信任，通过迈科技的企业服务工具，及时记录每次走访沟通细节，引导企业梳理细化需求。

中国创新挑战赛的举办对本地技术转移的服务机构的培育起到了很大的作用。迈科技联合创始人——蔡文怿女士肯定了近年来赛事的举办效果以及对服务机构业务开展的促进。

“首先，火炬中心能够举办这样一个全国性的活动确实是非常的不易，并且还让服务机构能够通过这个赛事就得到很多区域上的业务接触。经过几年的挑战赛事服务，我们能够也切实感受到这个挑战赛的规模越来越大了。不论是科技管理部门的还是各地的科技服务机构，参与度明显提升，挑战赛的影响力也逐年在扩大。”

迈科技将自身基础业务和挑战赛赛事服务有机结合，将企业需求的挖掘和成果供需对接服务常态化。“企业有心想要做转型升级，但是受限于自身所处的环境，对于新技术、科技创新的理解有限，无法准确表述想要达到的改进升级需求。迈科技一方面引入专业人员，在沟通过程中抓住重点，细化梳理需求详情；另一方面，让更多企业熟悉迈科技以及服务团队，建立信任，将技术升级改造的意识推广给更多企业负责人，即使短时间内没有反馈，也为未来企业需求挖掘与地方产业升级打下了基础。”

在第四届中国创新挑战赛期间，通过上海市科委的动员组织，迈科技也向长三角地区进行业务拓展。蔡文怿介绍道：“通过赛事的活动以及政府领导的大力支持和宣贯，让市场化的服务机构能够获取到更多的企业资源。换句话讲，相当于我们在赛事服务工作中，一边宣传挑战赛活动，另一方面也推广了自己的服务能力和服务品牌。此外，经过挑战赛多年的服务实践，我们的一线服务人员在和企业的沟通技巧、服务能力锻炼方面也会有一些进步。”

“近年来，我们看到了非常多的新的技术的服务机构，也包括一些从投资公司、孵化器转行过来的服务机构，很欣慰于成果转化服务行业的蓬勃发展，也有很多其他行业的人员开始涉足此行业。俗话说，众人拾柴火焰高。参与的人越多，创新资源要素越集聚，肯定会助推行业更高效率地运转。其实在行业里，大家也还都处在一个摸着石头过河的阶段，国内技术交易市场还处在培育阶段，还没有进入特别良性、特别高效率运转的节奏。中国创新挑战赛（上海）的赛事活动都是以科技服务机构作为组织结构的，鼓励服务机构主动申报承办挑战赛的区域专场、行业专场。对于服务机构承办的专场赛活动，上海市科学技术委员会也会非常积极地参与或帮助宣讲——这些都是实实在在给到我们这些服务机构的支持。”

然而，蔡文怿认为，挑战赛更为深远的影响是为技术转移培育了市场。“政策和支持都是引导性的，最主要还是给技术转移创造市场，这个市场就是挑战赛。在商言商，企业真正要存活下去必须要找到市场的需求，市场是不是真的愿意为技术成果转化的服务‘付费买单’。企业对我们的服务能够满意，我们的服务真正是市场所需要的——这才是市场化机构的立命之本。”

为企业开放式创新输送意识、提供渠道

——访114产学研平台　唐旭东

上海114产学研协同创新服务平台是一家专业的技术转移服务机构，以“产学研协同创新，成就核心竞争力”为宗旨，以“互联网+产学研的OTO”模式，将专家与企业技术需求高效率对接。2019年，平台在自身技术转移综合服务的基础上，承办第四届中国创新挑赛（上海）闵行专场赛、奉贤专场赛、长三角示范区专场赛和第四届中国创新挑战赛（山东日照）。

114产学研平台总经理唐旭东介绍了平台目前的服务模式：“我们的业务主体是围绕技术转移提供服务，重点是从企业需求出发。挖掘到企业需求后会在我们自己的平台发布。全国各地的专家看到之后，他们感兴趣、能解决的就会主动联系。当然我们也会主动去联系一些合作院校的科技处。另外一个内容是围绕产学研合作提供服务。对于市场化服务机构来说，有些时候进企业还是比较困难。所以呢，我们向上海市科学技术委员会申报了‘企业家开放式创新领导力基地’这样一个项目。项目主要给企业的高管做培训，也是想通过这种方式向企业的高管传递大企业

开放式创新的概念。一方面输送意识，另一方面给他们提供一些开放式创新的渠道，比如挑战赛，比如我们114产学研平台——很多企业可能原本都是不知道的。”

推广挑战赛要深入企业去推。在走访企业、挖掘需求的过程中，更多的是在给企业进行一个赛事宣传和开放式创新意识的培养，这个过程需要很大的耐心。唐旭东表示从与企业建立联系到与企业进行深入的沟通交流是一个艰难且长期的过程。“与企业深入沟通后，哪怕是这次没有什么需求，以后一旦有了需求，一方面企业可以继续来参赛，另一方面也可以随时联系我们这些专门在做技术转移的机构。相当于给了企业一个工具。”

此外，唐旭东肯定了挑战赛赛事对市场化机构培育的促进作用：“这个赛事对于我们服务机构来说有正面的促进作用。而且我们跟挑战赛是非常契合的。挑战赛就是从企业技术需求出发的，而我们的主营业务也是从企业技术需求出发的。在没有挑战赛之前，我们服务机构去企业做工作其实还是比较难的。那么有了挑战赛之后，无形中帮助我们更好地走进企业。”

谈到企业需求引导的成果转化模式时，唐旭东认为，技术成果转移方面，从企业技术需求出发的效果更好，从高校成果出发的相对来说更难一点。首先，第三方机构难以把控成果质量，服务机构得先去研究这些成果；其次，从成果端出发需要投入更多的时间和精力，一遍一遍地做推广。所以说，从企业需求出发使推进工作有更好的抓手。

“我认为工作主要是在平时，而挑战赛更像是一个‘工作的汇报总结’。我们在进企业宣传赛事的时候，企业也会问‘你们这个赛事现场赛是什么时候？’我们会和企业解释需求对接其实是持续性活动。”唐旭东解释道，赛事服务期间，由于赛事时间限制以及部分企业在“需求公开”方面的顾虑，部分工作成果是没有在挑战赛上体现出来的。

“真正到挑战赛现场赛，包括竞争对接环节的项目是不多的。大部分项目都分散在我们日常的对接工作中了。比如这两天的赛事活动结束了，有的需求我们得继续跟进，去联络技术团队。有的企业会表示：‘你们还没帮我找到合适的专家’，还会催着我们继续去做。114产学研平台作为赛事具体工作单位会在赛后继续为企业服务，比如有一些去年的甚至前年的项目我们还在对接。”

挑战赛实现多方共赢结果

——访广州博士信息技术研究院有限公司
吴小川

自第一届创新挑战赛以来，广州博士信息技术研究院有限公司（简称博士科技）协助广东省、陕西省、江苏省扬州市、南京市江宁区、江苏省海安市等区域举办了9场赛事，共计开展技术需求挖掘培训12场，培训1100多人次。

围绕第四届中国创新挑战赛（广东），博士科技在2019年8月初明确各项工作任务以后，积极组织技术经纪人和行业专家对中山火炬高技术产业开发区（以下简称中山火炬开发区）企业技术背景资料进行全面收集和重点筛选，制订了明确的技术需求挖掘计划，通过电话调查、信函咨询等方式联系了区内120家企业，并联合技术经纪人，分成两个需求挖掘调研小组，先后三轮奔赴中山火炬开发区各园区企业，高频率、高强度、零距离地重点走访了43家企业，累计征集挖掘144项有效企业技术需求。

博士科技项目负责人吴小川介绍了博士科技在广东赛事期间的服务工作：“我们全流程参与了整个赛事的筹办和执行，包括企业技术需求挖掘、分析工作，技术对接会承办，以及最终的现场赛执行。”

“用专业去激发企业需求。很多企业对企业需求挖掘这一工作还是不明晰的，有的对自身发展定位仍不清晰而无法提供需求，有的则是还没有科研团队，还有的对自身资源和实力很自信，认为企业自身可以解决。针对这些问题，我们在走访企业、挖掘需求时，除了会有专业的需求挖掘团队，我们还会邀请企业对应领域的专家一同出席，通过专家的分析，刺激企业发现自身需求，进而把企业需求挖掘出来。其次我们还会从高层次人才引入、投融资等方面吸引企业参与需求的挖掘，多维度激发企业的活力。”

吴小川认为，创新挑战赛实际上是一种工作机制：“挑战赛把我们服务机构、企业、高校都捆绑在一起，实现了三赢的结果。一方面，挑战赛为企业带来了国际级、国家级的人才资源，并拓展了企业的发展视野，实现企业的创新发展；另一方面，与企业的合作，让高校院所的成果不再‘束之高阁’，有了‘用武之地’，服务机构也从中受益。”

挑战赛对于培育地方专业技术服务机构方面也起到了巨大的作用。“对于第三方机构来说，这不仅是一个积累创新大数据的过程，同时也是积累自身资源的一条好路径。这是我个人的感悟。”

附录

一、承办单位一览表

<table>
<tr><th>序号</th><th>赛事名称</th><th>承办单位</th><th>具体承办单位</th></tr>
<tr><td>1</td><td>第四届中国创新挑战赛（北京）</td><td colspan="2">北京市科学技术委员会</td></tr>
<tr><td>2</td><td>第四届中国创新挑战赛（中关村）科技技术融合专题赛</td><td>北京市科学技术委员会</td><td>中关村科技园区管理委员会</td></tr>
<tr><td>3</td><td>第四届中国创新挑战赛（天津）</td><td colspan="2">天津市科学技术局</td></tr>
<tr><td rowspan="2">4</td><td rowspan="2">第四届中国创新挑战赛（河北）</td><td rowspan="2">河北省科学技术厅</td><td>邯郸市人民政府</td></tr>
<tr><td>任丘市人民政府</td></tr>
<tr><td>5</td><td>第四届中国创新挑战赛（辽宁）</td><td colspan="2">辽宁省科学技术厅</td></tr>
<tr><td>6</td><td>第四届中国创新挑战赛（上海）</td><td colspan="2">上海市科学技术委员会</td></tr>
<tr><td rowspan="3">7</td><td rowspan="3">第四届中国创新挑战赛（江苏）</td><td rowspan="3">江苏省科学技术厅</td><td>扬州市人民政府</td></tr>
<tr><td>江宁区人民政府</td></tr>
<tr><td>海门市人民政府</td></tr>
<tr><td>8</td><td>第四届中国创新挑战赛（浙江）</td><td colspan="2">浙江省科学技术厅</td></tr>
<tr><td>9</td><td>第四届中国创新挑战赛（宁波）</td><td colspan="2">宁波市科学技术局</td></tr>
</table>

续表

序号	赛事名称	承办单位	具体承办单位
10	第四届中国创新挑战赛（山东）	山东省科学技术厅	日照市人民政府
11	第四届中国创新挑战赛（河南）	河南省科学技术厅	新乡国家高新技术产业开发区管理委员会
12	第四届中国创新挑战赛（湖北）	湖北省科学技术厅	
13	第四届中国创新挑战赛（广东）	广东省科学技术厅	中山火炬高技术产业开发区管理委员会
14	第四届中国创新挑战赛（四川）	四川省科学技术厅	南充市人民政府 宜宾市人民政府
15	第四届中国创新挑战赛（绵阳）科技技术融合专题赛	四川省科学技术厅	绵阳市人民政府
16	第四届中国创新挑战赛（陕西）	陕西省科学技术厅	西安市人民政府 延安市人民政府 咸阳市人民政府 榆林市人民政府
17	第四届中国创新挑战赛（甘肃）	甘肃省科学技术厅	兰州市人民政府
18	第四届中国创新挑战赛（宁夏）	宁夏回族自治区科学技术厅	

二、对接情况数据表

赛事名称	地区	征集需求（项）	发布需求（项）	征集解决方案（个）	成功对接（个）	签订意向合同（项）	意向合同金额（万元）
第四届中国创新挑战赛（北京）	北京	211	128	200余件	61	46	35500
第四届中国创新挑战赛（中关村）科技技术融合专题赛	中关村	123	120	261	60	60	/
第四届中国创新挑战赛（天津）	天津	534	278	210	48	48	8334.53
第四届中国创新挑战赛（河北）	邯郸	120	85	41	17	8	/
	任丘	127	96	81	37	15	413
第四届中国创新挑战赛（辽宁）	沈阳	510	104	60	4	4	320
第四届中国创新挑战赛（上海）	上海	1506	1506	748	317	154	109000

续表

赛事名称	地区	征集需求（项）	发布需求（项）	征集解决方案（个）	成功对接（个）	签订意向合同（项）	意向合同金额（万元）
第四届中国创新挑战赛（江苏）	海门	102	102	56	18	18	2245
	江宁	220	220	202	68	46	2280
	扬州	300	212	376	128	69	9030
第四届中国创新挑战赛（浙江）	杭州	210	100	100	128	30	4061.5
第四届中国创新挑战赛（宁波）	宁波	217	102	99	38	43	5248.5
第四届中国创新挑战赛（山东）	日照	203	109	63	23	13	2230
第四届中国创新挑战赛（河南）	新乡	213	132	74	53	53	3451
第四届中国创新挑战赛（湖北）	荆门	208	100	254	70	55	24000
第四届中国创新挑战赛（广东）	中山	189	144	59	37	34	3353

续表

赛事名称	地区	征集需求（项）	发布需求（项）	征集解决方案（个）	成功对接（个）	签订意向合同（项）	意向合同金额（万元）
第四届中国创新挑战赛（四川）	南充	206	110	180	63	63	7937
	宜宾	215	112	218	76	51	986
第四届中国创新挑战赛（绵阳）科技技术融合专题赛	绵阳	76	50	102	26	13	1200
第四届中国创新挑战赛（陕西）	西安	236	108	275	215	69	4352
	延安	224	103	156	101	30	1260
	咸阳	140	102	174	101	75	4385
	榆林	214	101	169	134	29	3293
第四届中国创新挑战赛（甘肃）	兰州	219	106	138	45	45	3876
第四届中国创新挑战赛（宁夏）	宁夏	195	195	128	70	70	10400
合计		6718	4525	4224	1938	1141	247155.53

三、赛事获奖情况

北京

优胜奖　北京工业大学数字社区教育部工程研究中心
优胜奖　航天鑫创自控装备发展有限公司
优胜奖　北京宏诚创新科技有限公司

中关村

优胜奖　北京精英路通科技有限公司
优胜奖　北京通通易联科技有限公司
优胜奖　陕西铭泊停车服务有限公司
优胜奖　北斗天地股份有限公司
优胜奖　中移物联网有限公司
优胜奖　象限空间（天津）科技有限公司
优胜奖　北京华力创通科技股份有限公司
优胜奖　成都成设航空科技股份公司
优胜奖　北京世冠金洋科技发展有限公司
优胜奖　易瑞博科技（北京）有限公司
优胜奖　中国航发北京航空材料研究院
优胜奖　中国科学院化学研究所
优胜奖　哈尔滨工程大学信息与通信工程学院
优胜奖　环宇佳诚科技（北京）有限公司
优胜奖　北京航空航天大学
优胜奖　安徽应久源核能新材料科技有限公司
优胜奖　杭州富集生物科技有限公司
优胜奖　北京抱朴文化传播有限公司
优胜奖　四川远鉴科技有限公司
优胜奖　北京墨云科技有限公司

优胜奖　中译语通科技股份有限公司
优胜奖　腾讯云计算（北京）有限责任公司
优胜奖　北京梆梆安全科技有限公司
优胜奖　网神信息技术（北京）股份有限公司*
优胜奖　嘉迪伟智（北京）科技有限公司
优胜奖　南京拓界信息技术有限公司
优胜奖　北京航天兴科高新技术有限公司（中国航天系统科学与工程研究院）
优胜奖　北京计算机技术及应用研究所
优胜奖　湖北华强科技有限责任公司
优胜奖　北京长航信控电子科技有限公司
优胜奖　北京航空航天大学飞行器控制一体化技术重点实验室
优胜奖　中国电科三十所
优胜奖　深圳市云帆赢通信息技术有限公司
优胜奖　上海交通大学
优胜奖　上海锡月科技有限公司
　　　　浙江理工大学
优胜奖　北京航空航天大学无人机系统研究院
优胜奖　北京航空航天大学航空科学与工程学院
优胜奖　中科院青岛生物能源与过程研究所
优胜奖　中国科学院大连化学物理研究所
优胜奖　北京空间飞行器总体设计部
　　　　北京航空航天大学联队
优胜奖　山东航天电子技术研究所
优胜奖　中国电子科技集团公司第十二研究所
　　　　中国船舶重工集团公司第701研究所
　　　　电子科技大学
优胜奖　山东威能环保电源科技股份有限公司
优胜奖　深圳博磊达新能源科技有限公司

优胜奖　Nu1L战队
优秀奖　广州卡趴网络科技有限公司
优秀奖　北京真空电子科技有限公司
优秀奖　慧视江山科技（北京）有限公司
优秀奖　北京能科瑞元数字技术有限公司*
优秀奖　中国科学院软件研究所
优秀奖　中国科学院上海硅酸盐研究所
优秀奖　北京京翰林模具制造有限公司
优秀奖　长沙楚盟信息科技有限公司
优秀奖　国科电雷（北京）电子装备技术有限公司
优秀奖　澎峰（北京）科技有限公司
优秀奖　北京银景科技有限公司
优秀奖　极客信安（北京）科技有限公司
优秀奖　北京交通大学理学院光信息科学与技术研究所
优秀奖　合肥讯飞数码科技有限公司
优秀奖　中国科学院声学研究所
优秀奖　三六零安全科技股份有限公司
优秀奖　北京梆梆安全科技有限公司
优秀奖　国家互联网应急处理中心实验室
优秀奖　哈尔滨工业大学航天学院
优秀奖　西安交通大学人工智能与机器人研究所
优秀奖　拓维思战队
优秀奖　西安西京学院
优秀奖　西飞集团公司
优秀奖　上海锡月科技有限公司
　　　　浙江理工大学
优秀奖　杨坤+北航可靠飞行控制研究团队
优秀奖　上海交通大学
优秀奖　普宙飞行器（深圳）科技有限公司武汉分公司

优秀奖　北京东方华氢科技有限公司 *
优秀奖　湖南源达新材料有限公司
优秀奖　成都德瑞星无线技术有限公司
优秀奖　东莞市钜大电子有限公司
优秀奖　河北神州巨电新能源科技开发有限公司
优秀奖　银隆新能源股份有限公司
优秀奖　四川国创成电池材料有限公司
优秀奖　星盟CTF战队
优秀奖　复旦白泽战队
优秀奖　天枢战队
优秀奖　Venom战队
优秀奖　天命战队

邯郸

优胜奖　北京林业大学
优胜奖　河北省科学院应用数学研究所
优秀奖　天津科技大学
优秀奖　天津国际生物医药联合研究院
优秀奖　天津中科高新技术有限公司
优秀奖　邯郸职业技术学院

任丘

优胜奖　中科院计算技术研究所罗海勇团队
优胜奖　南开大学
优胜奖　中国农业大学工学院周宇光团队
优秀奖　天津大学
优秀奖　河北大学赵晓军团队
优秀奖　河南科技大学闫焉服团队
优秀奖　扬舲空淼环保科技有限公司

优秀奖　中国农业大学工学院
优秀奖　天津美术学院/黑龙江科技大学胡婧飞团队
优秀奖　天津众合思创科技有限公司郑磊团队
优秀奖　侯玥

辽宁

优胜奖　沈阳建筑大学
优胜奖　辽宁新宜环保科技有限公司
优秀奖　沈阳东能科技有限公司
优秀奖　绿安阔野（北京）国际农业科学研究院
优秀奖　沈阳理工大学
优秀奖　营口理工大学
优秀奖　辽宁工程技术大学
优秀奖　沈阳鸿宇科技有限公司

上海

优胜奖　中国科学院声学研究所东海研究站
优胜奖　普洛斯融资租赁（上海）有限公司
优胜奖　上海理工大学（李飞鹏副教授）
优胜奖　SPACEFORCE
优胜奖　上海治实合金科技有限公司
优胜奖　Dr. Joachim Ernst德国籍博士
优胜奖　UNITED STATES GTM MEDICAL DEVICES

扬州

优胜奖　哈尔滨工业大学
优胜奖　浙江工业大学
优胜奖　西安理工大学
优秀奖　清华大学

优秀奖　南京玥力机械有限公司
优秀奖　南京工业大学
优秀奖　河南理工大学
优秀奖　吉林大学
优秀奖　湖南大学

南京江宁

优胜奖　浙江理工大学
优胜奖　西北农林科技大学
优秀奖　南京兆伏电力科技有限公司
优秀奖　深圳市建筑科学研究院股份有限公司
优秀奖　江苏电科院
优秀奖　南京工业大学
优秀奖　南京工程学院
优秀奖　南京尚泰工程机械制造有限公司

海门

优胜奖　江苏科技大学
优胜奖　浙江大学海洋学院
优胜奖　武汉理工大学

宁波

优胜奖　浙江大学宁波理工学院
优胜奖　苏州斯曼克磨粒流设备有限公司
优胜奖　宁波工程学院
优胜奖　南京航空航天大学
优胜奖　江南大学
优秀奖　天津工业大学
优秀奖　上海大学

优秀奖　沈阳建筑大学
优秀奖　哈尔滨景涵科技有限公司
优秀奖　宁波海奇合昇环能科技有限公司
优秀奖　上海电器科学研究所（集团）有限公司
优秀奖　浙江大学

山东日照

优胜奖　武汉科技大学
优胜奖　华南理工大学
优胜奖　上海同济大学

湖北

优胜奖　中国科学院长春应用化学研究所韩常玉副研究员团队
优胜奖　华中农业大学李斌教授团队
优胜奖　武汉工程大学廖义德教授团队

广东中山

优胜奖　广东工业大学周延周教授
优胜奖　暨南大学欧桦瑟教授
优胜奖　广州迈森致远基因科技有限公司
优胜奖　Termolazer.LTD
优胜奖　广东工业大学肖曙红教授
优秀奖　方金焰博士、孙以峰博士
优秀奖　华南理工大学文生平教授
优秀奖　广州大学魏春海教授
优秀奖　远紫环保工程技术（开封）有限公司
优秀奖　黄文潘
优秀奖　暨赛再生医学科技有限公司
优秀奖　广东正德材料表面科技有限公司

优秀奖　广东技术师范大学材料制备成形及装备研究院院长高吉祥

四川南充

优胜奖　山东建筑大学

优胜奖　南充生物医药产业技术研究院

优胜奖　青岛科技大学

四川宜宾

优胜奖　四川轻化工大学龚勇团队

优胜奖　电子科技大学研究生院宜宾分院程建团队

优胜奖　重庆晨沃力化工技术有限公司郑晨团队

优秀奖　四川化工职业技术学院张华知团队

优秀奖　宜宾学院帅永康团队

优秀奖　四川轻化工大学黄丹平团队

四川绵阳

优胜奖　中国工程物理研究院 *

优胜奖　四川微视力升自动化技术有限公司

优秀奖　四川圭度科技有限公司

优秀奖　中国工程物理研究院

优秀奖　四川大学

优秀奖　常州驰云自动化科技有限公司

优秀奖　四川聚强创新科技有限公司

优秀奖　成都通甲优博科技有限责任公司

优胜奖　成都市炜科贝科技有限公司

优胜奖　西南科技大学

优胜奖　重庆大学 *

优胜奖　重庆嘉兰图设计有限公司

优胜奖　四川帝威能源技术有限公司

优胜奖　重庆米弘科技有限公司
优胜奖　西南科技大学
优胜奖　重庆有灵科技有限公司

陕西西安

优胜奖　西安电子科技大学鲍亮团队
优胜奖　西北工业大学王文东团队
优胜奖　西安咏圣达电子科技有限公司
优胜奖　西安电子科技大学王新怀团队
优胜奖　艾索信息股份有限公司
优胜奖　西安迈进能源科技有限公司
优胜奖　南京大学强盛志团队
优胜奖　西北工业大学沈超团队
优秀奖　西安建筑科技大学陈登峰团队
优秀奖　西安理工大学孙旭霞团队
优秀奖　长安大学高永昌团队
优秀奖　西安理工大学张宝锋团队
优秀奖　陕西瑞海工程智慧数据科技有限公司
优秀奖　西北大学李涵生团队
优秀奖　武警工程大学邹永星团队
优秀奖　西安黑曼巴防务科技有限公司
优秀奖　西安应用光学研究所
优秀奖　空军工程大学梁必帅团队
优秀奖　西安工业大学钟显江团队
优秀奖　成都华镭科技有限公司
优秀奖　西安军捷新创电子科技有限公司
优秀奖　成都拓源仲玛科技有限公司
优秀奖　西安中力科技有限公司
优秀奖　深圳市智绘科技有限公司

优秀奖　西安银舟电子科技有限公司
优秀奖　陕西增材制造研究院有限责任公司
优秀奖　西安交通大学李磊团队

陕西延安

优胜奖　西安邮电大学郭富春团队
优胜奖　中国农业机械化研究院李长荣团队
优胜奖　陕西科技大学工业污染治理与资源化技术团队
优秀奖　西安昱影影视文化传播有限公司
优秀奖　西安大舟文化传媒有限公司
优秀奖　陕西科技大学机械工程学院甘露团队
优秀奖　西北农林科技大学机电工程学院朱新华团队
优秀奖　武汉科技大学郭超老师团队
优秀奖　延安大学柳晓东团队

陕西咸阳

优胜奖　广州新视界光电科技有限公司
优胜奖　苏州浩纳新材料科技有限公司
优胜奖　陕西师范大学张润光
优秀奖　西安交通大学电子科学与工程学院
优秀奖　江苏大学梁启超团队
优秀奖　咸阳师范学院张卫红团队
优秀奖　西北大学王玉琪团队
优秀奖　西北农林大学任亚梅团队
优秀奖　西北农林大学袁春龙团队

陕西榆林

优胜奖　陕西科技大学工业污染治理与资源化技术研究所
优胜奖　西北工业大学雷星团队

优胜奖　山西科达自控股份有限公司
优秀奖　西安石油大学
优秀奖　西安建筑科技大学刘永军团队
优秀奖　陕西科技大学王森团队
优秀奖　陕西煤业化工技术研究院环境保护技术研发团队
优秀奖　西安建筑科技大学矿山系统工程研究所
优秀奖　陕西深海融科智能科技有限公司

甘肃兰州

优胜奖　中国科学院山西煤炭化学研究所
优胜奖　西北师范大学
优胜奖　兰州职业技术学院
优秀奖　北京化工大学
优秀奖　上海大学
优秀奖　北京迅恒科技有限公司

宁夏

优胜奖　国创（洛阳）轴承产业技术研究院有限公司
优秀奖　重庆齿轮传动技术研究所
优秀奖　东莞市中帆新材料科技有限公司
优秀奖　淮阴工学院化学工程学院
优秀奖　宁夏大学化工学院
优胜奖　苏州东淮药物研究院有限公司
优秀奖　兰州大学
优秀奖　江南大学药学院微生物制药与系统发酵研究室
优胜奖　黑龙江省绿色食品科学研究院

注：*表示该单位所属团队获得多个奖项。

四、地方政策汇总

1. 天津

对赛事评选出的优秀项目进行持续跟踪和支持，对于最终签订技术开发和技术转让交易合同的，按照《天津市促进科技成果转化交易项目管理办法》，对成果受让企业、促成交易的技术转移机构及技术经纪人予以补助，推动科技成果转化为现实生产力。

2. 邯郸

（1）针对签订意向合同的合作项目，邯郸市科学技术局（以下简称科技局）在科技立项中优先安排、予以支持，促进科技合作项目成功落地转化。

（2）针对参与挑战赛的企业，邯郸市科技局在高新技术企业培育、创新方法培训等方面提供保障支持，持续为企业提供科技政策咨询、企业战略咨询等后续服务。

3. 任丘

（1）挑战赛承办单位将聚集和整合相关资源，为需求企业与挑战者提供包括科技政策咨询、企业战略咨询、知识产权、技术交易和投融资等服务，并进行后续跟踪与效果评价。

（2）通过现场赛产生的优胜方案和线下成功开展需求对接，并签订合作协议的方案实行以赛代评，优先纳入省、市科研计划，并给予立项支持或后补助支持。

（3）对于符合《任丘市推动企业转型升级支持民营经济高质量发展的实施办法》相关条件的，给予优先支持。

4. 辽宁

2019年印发《辽宁省科技成果转化和技术转移奖励性后补助实施细则（试行）》。通过技术转让、技术许可等形式实施的科技成果转化项目，按一定比例给予奖励性后补助支持，补助额度不超过该项目支付院校科技成果实际到款额的20%，补助额最高不超过100万元；通过作价入股形式实现转化的科技成果，按一定比例给予奖励性后补助支持，补助额度不超过该项目实缴金额的20%，补助额最高不超过100万元；通过技术开发形式实现转化的科技成果，按一定比例给予奖励性后补助支持，补助额度不超过该项目合同到款额的10%，补助额最高不超过50万元；对企业特别重大的科技成果转化项目，且已进入产业化阶段，经申报单位提出书面申请可“一事一议”，最高补助额度不超过500万元。

5. 上海

（1）对企业通过悬赏、有偿委托技术转移机构进行技术寻源，形成可持续开放式创新模式的，企业需求方优先纳入2020年科技成果转移转化服务体系建设项目支持。

（2）对解决社会、行业共性技术难题，在长三角可示范推广应用的，企业需求方联合解决方案方，优先纳入2020年长三角科技联合攻关项目。

（3）对国家和本市重点产业领域提出的“卡脖子”技术需求与解决方案的，企业需求方联合解决方案方，推荐纳入上海市科委有关的科研攻关计划。

（4）对参与挑战赛、服务绩效突出的本市技术转移机构，优先纳入2020年科技成果转移转化服务体系建设项目支持；并可在本市技术转移示范机构绩效评估中予以加分。

（5）对符合条件的，优先纳入科技创新券支持。具体包括：科技型中小企业提出技术需求，委托本市服务机构开展技术需求挖掘与技术转移等服务的，可使用科技创新券。技术需求方与解决方通过成立新公司实现合作的，创业团队或创业公司可使用创新券。

（6）各区根据实际情况，按区科技成果转移转化相关政策给予政策支持。

6. 扬州

（1）扬州市针对中国创新挑战赛的举办，专门出台了《扬州市技术转移奖励办法》，该办法明确规定：对企业引进先进技术成果转移转化的，可直接申领20万元额度创新券，并享受优先兑换。对在创新挑战赛中企业与技术供给方签订技术合同的项目，三年内申请扬州各类科技计划可不通过评审、直接获得最高100万元立项支持，并优先推荐申报国家和省级各类科技计划支持。对各类技术转移机构和技术经纪人提供的扬州市企业技术需求信息，经审核入库后，按每条100元予以奖励。对各类技术转移机构为扬州企事业单位引进转移转化成果的，按照技术合同实际成交额的2%予以奖补，单个合同奖励最高10万元。对技术经纪人开展的技术转移活动，按技术合同实际成交额的1%予以奖补，单个合同奖励最高10万元。

（2）创新挑战赛优胜挑战者优先申报本市“绿杨金凤”人才项目，给予50万～800万元的人才项目经费支持。优先推荐申报各级科技计划。

（3）挑战赛承办单位将聚集和整合相关资源，为需求企业与挑战者提供包括科技政策咨询、企业战略咨询、知识产权、技术交易和投融资等服务，并进行后续跟踪与效果评价。

（4）形成知识产权的可按照市“专利13条”政策享受扬州市在专利方面给予的奖补政策。

（5）对组织技术解决方参加对接的中介机构，按照实际到现场对接的团队数给予一定的奖励。对现场与企业对接洽谈的技术解决团队给予一定的奖励。

7. 江宁

将挑战赛对接成功的项目纳入江宁区创新券支持范畴，赛事成功签约的企业给予产学研合同金额50%，最高15万元支持。

8. 海门

（1）对参加中国创新挑战赛签约的合作项目，按照本市产学研奖励政策给予合同金额30%的财政奖励。

（2）在市科技计划中，设立“中国创新挑战赛”专项，专门支持挑战赛的合作项目，并给予每项10万～60万元的经费支持。优先申报本市“东洲英才”人才项目，给予10万～100万元的人才项目经费支持。

9. 浙江

（1）制定挑战赛奖励配套支持政策，对通过挑战赛对接成功、签订合作协议的技术需求，按实际成交金额的20%给予补助，最高不超过200万元。

（2）设立优秀组织奖，对需求征集、筛选、对接、组织实施过程中工作表现突出、成效显著的科技大市场、服务机构等单位授予优秀组织奖，并作为省优秀科技大市场、省优秀技术市场中介服务机构评选的重要因素。

10. 宁波

中国创新挑战赛继续开展关键共性技术需求与市“科技创新2025”重大专项相结合，对在赛事中成功对接且符合市“科技创新2025”重大专项资助条件的项目，给予相应的经费支持。

11. 日照

日照市科技局对于通过参加中国创新挑战赛成功合作的项目列入第二年的科研专项项目。

（1）支持重点研发专项。立足增强产业源头和原始创新能力，对于前瞻性与共性关键技术研发项目，按照项目预期研发投入比例，给予最高不超过50万元资助。科技合作项目按研发合作中实际所发生费用的20%，给予最高不超过50万元资助。

（2）支持重大科技专项。每年组织筛选实施30项市级重大科技专项，支持参与大科学计划和大科学工程，根据技术难度、绩效目标、投入强度、工作基础等给予50万～100万元补助。对特别重大的科技创新项目，采取一事一议方式确定配套经费。

12. 新乡

新乡市依据《河南省国家自主创新示范区财政资金奖补具体实施细则》（豫财科〔2017〕53号）和省、市财政科技经费管理有关规定，制定以下奖励办法。

（1）鼓励引进先进技术成果。对示范区内引进转化市外先进技术和成果以及合作开发的项目，凭认定的技术转让合同、银行凭证和项目落地产生效益等相关证明，按不低于实际发生技术交易额的10%对技术承接单位给予补助，最高可补助100万元。

（2）加快技术转移转化。对促进市内外高等学校、科研院所、企业的技术成果和专利技术在示范区内转移转化的市级以上技术转移服务机构，凭与技术输出或输入方签订的委托服务协议、认定的技术开发或技术转让合同、银行进账单，按实际发生技术交易额的2%给予补贴，同一项目多次转让不重复补贴，同一技术转移机构的每年补助金额最高50万元。

（3）深化产学研合作。示范区内高校、科研院所积极承接市内企业研发项目的，按照省财政奖补资金1：1配套奖励，各高等学校、科研院所每年最高给予100万元的后续经费支持。

13. 湖北

2015年湖北省人民政府出台《关于推动高校院所科技人员服务企业研发活动的意见》明确提出实行高校院所部分职称评定与服务企业挂钩以及高校提供的符合法定条件的技术转让、技术开发和与之相关的技术咨询、技术服务，依法免征增值税；2017年湖北省人民政府出台《湖北省促进科技成果转移转化行动方案的通知》明确提出组织实施“高校院所研发平台重大科技成果转移转化专项行动”，针对产学研合作研发项目实行双向补贴，且明确省级科技部门对承担省内企业委托研发项目的在鄂高校，按照项目实际到位资金的5%～10%给予奖励支持；对委托在鄂高校技术开发并进行合同登记备案的省内企业，按照企业实际支付给高校研发费用的10%给予补贴，最高不超过100万元。

14. 中山

（1）支持个人。需求发布企业引进的参赛专业技术人才可申请认定为中山市紧缺适用高层次人才。凡被认定或评定为第一至第八层次的紧缺适用高层次人才，可分层次享受最高200万元的购房补助及最高36万元的生活补贴。按就近入学原则，紧缺适用高层次人才的子女安排中山市省标准化公办中、小学就读。

（2）支持团队。需求发布企业引进的参赛团队，经评审入选市级创新创业团队，按照国际领先、国内领先、省内领先三个档次，分别给予最高3000万元、2000万元、1000万元科研经费资助。

（3）扶持企业。符合要求的科技信贷风险准备金入池企业，可获得最高不超过2000万元的贷款金额（《中山火炬开发区、翠亨新区联合科技信贷风险准备金管理办法》）。对已经偿还科技贷款本息的项目，最高按实际支付利息的50%给予贴息，单笔贷款贴息的最高额度为100万元（《中山市科技金融专项资金使用办法》中山科发〔2017〕280号）。技术需求方与高校院所等技术供给方合作研发或购买技术供给方技术服务可申请科技创新券，其中自主研发券分为重点券和一般券，面额分别为20万元和10万元；服务券面额为2万元；作为需求方进行技术开发、技术转让并完成技术合同登记的企业可通过中山协同创新网（中山市技术转移和知识产权交易协同创新平台：http://www.zsxtcx.com/）申请协同创新券（面额为10万元）支持（《中山市科技创新券专项资金使用办法》中山科发〔2018〕299号）。

形成知识产权的可按照市专利专项资金使用办法享受市区两级在专利方面给予的奖补政策。

（4）支持创业。在中山火炬开发区落户的参赛项目可优先入驻开发区内中山留创园、孵化器、产业园区，并获得房租减免、补贴等优惠。满足留学人员创业条件的项目可获得最高200万元的创业启动经费和最高50万元的孵化资金。

15. 绵阳

（1）四川省科技厅在省科技计划项目中，采用“以赛代评”方式对签约项目给予优先立项支持，一般重点项目给予30万～50万元，重大项目给予100万～150万元。

（2）绵阳市科技局在科技成果转化资金中设立300万元专项经费，采取“企业先行实施、专项核实补助”的后补助机制，对挑战成功并形成实质合作的项目，给予单个项目不超过30万元的补助。

（3）高新区科知局单项列支100万元项目补助资金，对挑战成功并形成实质合作的项目进行专项后补助，单个项目补助不超过10万元。

16. 南充

对通过中国创新挑战赛成功实现技术供需对接的需求方，按南充科技成果转移转化的相关政策兑现奖励或补助。将签订技术合同并形成的产学研合作项目优先纳入市级科技计划给予支持，并积极争取科技部、四川省科技厅重大科技项目支持。

17. 宜宾

经过专家遴选确认的技术创新需求，通过赛事平台与相关方形成实质合作的项目，四川省科技厅、宜宾市科学技术局在次年科技计划中优先给予立项支持。

18. 西安

（1）陕西省科技厅对在挑战赛上获奖的需求项目，在三年内优先申请省级科技计划项目立项，通过政府购买服务的方式为企业和挑战者提供企业咨询、政策咨询、技术转移、知识产权、投融资等服务，并对项目进行长期跟踪和效果评价，建立长效机制。

（2）西安市科技局将对在挑战赛获奖的项目实施产业化成效显著的项目择优予以奖补支持。按项目技术总投入10%，给予不高于企业三年累计缴税总额，且最高不超过200万元补助。

19. 延安

（1）陕西省科技厅对在挑战赛上获奖的需求项目，在三年内优先申请省级科技计划项目立项，通过政府购买服务的方式为企业和挑战者提供企业咨询、政策咨询、技术转移、知识产权、投融资等服务，并对项目进行长期跟踪和效果评价，建立长效机制。

（2）延安市政府在财政每年设立3000万元的科学技术研究与发展专项资金，支持和鼓励有条件的企业与国内外科研机构和高等院校对接转化一批具有产业化前景的技术成果，重点支持由市企业为主承担的重大科技项目和引领产业升级的重大科技成果落地转化。每年择优支持一批具有自主知识产权、市场潜力大的科技成果在企业实现产业化，根据其新增项目投资额度和实施进度，给予最高100万元资助。对购买高校院所技术成果并在本地实施转化的企业，按其年技术成果交易额的一定比例，给予最高不超过50万元的后补助。此外，延安市政府每年择优支持一批具有自主知识产权、市场潜力大的科技成果在企业实现产业化，根据其新增项目的投资额度和实施进度，给予最高50万元资助。对于联合攻关项目给予一定补助，以技术合同登记为准，对购买高校院所技术成果并在本地实施转化的企业，按其年技术成果交易额的一定比例，给予最高不超过50万元的后补助；对转让交易额500万元以上、投资额3000万元以上并取得实际效益的项目，按投资额的1%一次性给予最高不超过100万元的后补助。科技人员以科技成果作价出资创办企业，科技成果作价份额最高可占注册资本总额的70%。

20. 咸阳

（1）陕西省科技厅对在挑战赛上获奖的需求项目，在三年内优先申请省级科技计划项目立项，通过政府购买服务的方式为企业和挑战者提供企业咨询、政策咨询、技术转移、知识产权、投融资等服务，并对项目进行长期跟踪和效果评价，建立长效机制。

（2）咸阳市科技局对在挑战赛获奖的项目在咸阳市转化成功的企业，其单项技术交易额在5000万元以上的，给予100万元的科研补助。

（3）咸阳市根据咸阳市委、市政府出台的《关于进一步加快推进科技成果转化的实施意见》相关政策对于成果输出方按照转让额度最高给予30万元奖补（第9条）。对于成果转化吸纳方，成果转化经济效益明显的给予不超过100万元补助，对投入超过3000万元的成果转化项目，可按“一事一议”原则加大补助力度（第10条）。

21. 榆林

（1）陕西省科技厅通过政策引导，支持赛事组织与获奖企业申报省级科技计划项目，推动本地科技计划资助方式的改革。对在榆林挑战赛上获奖的需求项目，在三年内优先推荐申请省级科技计划项目，同时为企业和挑战者提供企业咨询、政策咨询、技术转移、知识产权、投融资等服务，并对项目进行长期跟踪和效果评价，建立长效机制。

（2）榆林市根据《榆林市支持科技创新若干措施》（榆政办发〔2019〕7号）相关政策，对于在制约榆林产业发展关键共性技术方面取得突破，且居国内领先水平并在榆林示范推广的，一次性给予研发费用总额30%的奖励，最高不超过500万元。

22. 兰州

（1）2018年起，设立《兰州市支持科技创新若干措施》后补助专项，通过后补助方式专项支持科研机构与企业联合破解企业技术难题，支持企业与科研机构联合建设研发机构和科技成果转化基地，

（2）对通过挑战赛需求方与解决方签订了研发协议的，优先推荐挑战团队的项目在兰州市人才创新创业专项中立项支持，给予20万～50万元的支持。

（3）通过兰州科技大市场管理有限责任公司发放不低于500万元的科技创新券，大力支持技术需求方向高校院所等技术供给方购买技术服务、使用大型科研仪器设备，推进科技资源开放共享。

（4）做好对创新需求项目知识产权和投融资服务，帮助专利资助、知识产权代理、知识产权融资抵押等工作，推荐创新需求项目通过“兰州科技产业发展投资基金”和“兰州科技创新创业风险投资基金”给予融资支持。

23. 宁夏

制定《关于构建以需求为导向的科技项目形成机制改革方案》，明确了对企业需求征集的激励机制，科技服务机构挖掘企业有效技术需求的，均能获得一定资金奖励。同时鼓励基层科技部门、科技服务机构和个人深入企业挖掘技术需求，有效夯实了中国创新挑战赛的赛事基础。